¡TODO A PULMON!

Entrevistas a diez teatristas argentinos

Lola Proaño - Gustavo Geirola

¡TODO A PULMON!

Entrevistas a diez teatristas argentinos

Mariela Asensio
Andrés Binetti
Andrea Garrote
Pablo Gigena
Gabriela Izcovich
Mariana Mazover
Román Podolsky
Celina Rozenwurcel
Marcelo Savignone
Diego Starosta

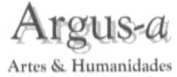

Artes & Humanidades

Argus-*a*
Artes y Humanidades / Arts and Humanities
Buenos Aires - Los Ángeles
2016

¡TODO A PULMON! – *Entrevistas a diez teatristas argentinos*

ISBN 978-1-944508-01-2

© 2016 Lola Proaño – Gustavo Geirola

Diseño de tapa: Argus-*a*

Foto de tapa: Robert Kneschke – Fotolia.com

All rights reserved. This book or any portion thereof may not be reproduced or used in any manner whatsoever without the express written permission of the publisher except for the use of brief quotations in a book review or scholarly journal.

Editorial Argus-*a*
16944 Colchester Way,
Hacienda Heights, California 91745
U.S.A.

Calle 77 No. 1976 – Dto. C
1650 San Martín – Buenos Aires
ARGENTINA
argus.a.org@gmail.com

Indice

Prólogo

Lola Proaño y Gustavo Geirola   i

Mariana Mazover – 8 de junio de 2015   1

Gabriela Izcovich – 8 de junio de 2015   29

Celina Rozenwurcel – 8 de junio de 2015   47

Andrea Garrote – 9 de junio de 2015   63

Román Podolsky – 9 de junio de 2015   81

Diego Starosta – 9 de junio de 2015   95

Andrés Binetti – 11 de junio de 2015   123

Marcelo Savignone – 11 de junio de 2015   149

Mariela Asensio – 22 de junio de 2015   161

Pablo Gigena – 24 de junio de 2015   175

PROLOGO

¡Todo a pulmón! nos pareció la frase apropiada para el título de esta colección de entrevistas realizadas a teatristas argentinos con una labor ininterrumpida en el panorama teatral de Argentina. Algunos de nuestros entrevistados la enuncian explícitamente; en otros queda como el telón de fondo del modo en que asumen su trabajo teatral. Todos ellos se desempeñan como actores, directores, dramaturgos y productores, a veces con todos esos roles a la vez. Varios de nuestros entrevistados, además, cumplen tareas docentes que suelen concluir en un espectáculo y casi todos asumen algún tipo de participación activa en la producción y promoción de los mismos. Por tal razón, muchas veces les es difícil deslindar dónde termina un rol y comienza el otro; sin embargo, no viven esta situación como problemática, sino como un sano intercambio de saberes y perspectivas en que cada rol, por su especificidad, pone en juego, nutre al otro y lo interroga.

Nuestras entrevistas, no obstante, partieron de inquietudes más ligadas a la tarea de la dirección, como una manera de explorar una línea de trabajo que diera coherencia a la conversación. A partir de ahí se despliegan muchas cuestiones que permiten apreciar el modo de producción escénica y espectacular que prima hoy en el teatro off de Argentina; muchos de los entrevistados han participado en proyectos de teatro comercial y oficial, lo cual enriquece su aporte por las reflexiones que cotejan todas esas experiencias no siempre muy alejadas unas de otras.

Con la excepción de uno de los teatristas, Pablo Gigena, que reside y desarrolla sus actividades en la ciudad de San Miguel de Tucumán, el resto de los entrevistados desempeña su tarea artística en Buenos Aires, aunque muchos de ellos han realizado actividades en ciudades de la Provincia de Buenos Aires y otras provincias argentinas. La selección se realizó teniendo en cuenta una franja etaria que, aunque no permite hablar de una generación, al menos los ubica dentro de una misma promoción de artistas que ha venido desarrollando en forma constante sus actividades en las últimas dos décadas. Algunos de los más jóvenes se han formado con otros más experimentados que también figuran entre nuestros entrevistados. Asimismo, hemos tenido en cuenta el balance de voces femeninas y masculinas, sobre todo por la importante presencia de las directoras y dramaturgas en la escena argentina actual.

Las entrevistas se realizaron gracias a un subsidio otorgado por Whittier College, institución universitaria localizada en Los Ángeles, California. Dicho subsidio también permitió la realización de un panel al que asistieron los teatristas en un momento posterior a la realización de las entrevistas. El panel, bajo el título de *Perspectivas recientes de la dirección teatral*, se realizó el 25 de junio de 2015, coordinado por nosotros, en el Salón Auditorio de UMET, Universidad Metropolitana para la Educación y el Trabajo, con sede en la Ciudad Autónoma de Buenos Aires. A su vez, las entrevistas y el panel fueron un complemento insoslayable del Seminario sobre *Latin American Theater Today*, que ofreciéramos en Buenos Aires desde el 15 de junio al 10 de julio de 2015, auspiciado por el NEH National Endowment for the Humanities, de Estados Unidos. Para más información sobre el Seminario y el panel se puede visitar la página http://www.nehsummerseminar2015.com/.

Para el video completo del panel, se puede visitar:

http://www.argus-a.com.ar/teatro%20latinoamericano-latin%20american%20theater/1039:reunion-de-directores-teatrales.html

Whittier College, además, contribuyó con fondos para que la estudiante Angela Rodríguez, a quien agradecemos su colaboración, trasncribiera algunas entrevistas.

Demás está decir que nos hemos limitado a seguir un cuestionario y no a debatir con los entrevistados. Las respuestas son ricas en reflexiones y enunciados que merecen, indudablemente, un desarrollo más extenso. Confiamos en que los lectores, sean actores o directores en formación, estudiosos del teatro o público en general, sacarán provecho de estas experiencias y saberes para formarse una idea de las problemáticas vigentes en la producción teatral argentina contemporánea, al menos en la zona de producción más expandida, más rica del teatro argentino, como es el teatro independiente o también llamado del circuito *off*, al que todos los entrevistados pertenecen y en el que se han formado.

Los Ángeles, febrero de 2016.

Lola Proaño y Gustavo Geirola

Entrevistas

MARIANA MAZOVER

Entrevista realizada el 8 de junio de 2015

Gustavo: *La primera pregunta es la que más redondea el Proyecto. ¿Qué es para vos dirigir teatro?*

Mariana: Lo pienso desde varias perspectivas. Si tuviera que dar una respuesta rápida diría que, para mí la dirección o mi experiencia personal está muy vinculada a la escritura. Yo no la puedo separar, en ese sentido pienso que tiene que ver con una escritura en el espacio. Más allá de que dirigir, etimológicamente, pareciera que tiene que ver con dar órdenes. Es un medio de tomar algún tipo de dirección, de rumbo o de producción en un sentido en términos de dirección y de significación. En mi experiencia personal, dirigir está vinculado con la escritura en el sentido de escribir en el espacio, de poder materializar con un lenguaje mucho más complejo que la palabra, en tanto ésta forma parte de un sistema de signos que produce, con suerte, alguna apertura de sentido. Lo vinculo mucho con eso, pero luego lo puedo pensar más en todo el proceso que implica la dirección, que tiene que ver, para mí, con un proceso, un trabajo sobre algunas hipótesis previas en relación al abordaje de un material, esto es, algunas operaciones que me parece interesante traducir en relación a un texto y después el trabajo de investigar a través de los actores, si eso produce o no produce, ya que a veces materialmente no es lo que uno imagina previamente. Puedo estar dirigiendo un proceso y a un mes de estrenar, pego un volantazo muy profundo en relación, por ejemplo, al trabajo del lenguaje de la actuación. Después de ocho meses de estar ensayando, percibo que "¡esto no es! (*risas*). Y a veces pienso que, más allá del proceso de dirigir y después del trabajo de relacionarse con un texto, empieza a mutar todo a lo largo de un proceso de ensayos. Todo el tiempo yo pienso en esa dirección, digamos, en qué otros sentidos se están produciendo más allá de lo que está dicho en un texto, con eso que se arma en la puesta en escena. Lo pienso realmente como un proceso semiótico, en esos términos. Y obviamente después todo lo que implica el trabajo de pensar el espacio, de alcanzar un registro de actuación, de relacionarse con algunas unas tradiciones en un punto. Yo me formé con Juan Carlos Gené, que es un maestro importantísimo y bastante clásico en un punto. El siempre sostenía—por ahí ahora hay algunas personas más contemporáneas que podrían ir en contra de eso—que todo está en el texto, que todos los secretos de una puesta en escena están en el texto, en relación a que hay que interrogar el texto muchísimo y entender el funcionamiento profundo de un texto y la relación de un autor con su material para dirigir. En ese sentido yo guardo esa relación con los materiales. En el caso mío, como siempre todo lo que dirigí fueron materiales que yo escribí, también está como muy enfocado el proceso de escritura a lo que yo voy imaginando escénicamente, como todo el tiempo ese juego.

Gustavo: *Cuando das ese texto, cuando empezás ese proceso de dirección, el texto tuyo, ¿ya está terminado o lo modifica el proceso de dirección? O sea, como dijiste, después de ocho meses se puede producir una volantada; ¿esa volantada es a nivel de la actuación y de la dirección, o también se modifica el texto?*

Mariana: Depende de la obra; me pasó de todo eso que acabaste de decir. Y eso también tiene que ver con la relación que uno establece con el propio texto y las posibilidades que uno tiene de ser el autor e ir probando distintas alternativas. En el caso, por ejemplo, de mi primera obra, de *El cerco de agua*, que fue la primera obra no que escribí, pero sí que estrené de mi autoría, trabajé re-escribiendo a partir de cosas que aparecían de los actores, que me parecían más interesantes que las del texto. Por ejemplo, fue una relación de reescritura también en *Dentro de la piedra*, que fue una obra sobre la guerra de Malvinas. Trabajé primero con los actores después de escribir el texto, hice una primera versión del texto; después re-escribí ese texto pensando en esos actores que había convocado, a los que ya les había propuesto personaje y al final pensé y me dije: "este es el texto que hay que montar", pero sucedió que lo iba probando y no iban funcionando algunas cosas. Fue sobre todo un trabajo de condensación, de síntesis. Empecé a ensayar un texto que tenía, supongamos, 35 páginas y terminó teniendo 25. Con *Esquinas en el cielo*, que fue la que vos viste (*a Lola*), fue también un proceso de creación a partir de un trabajo con los actores, con lo cual hubo una etapa de improvisaciones, una primera versión del texto y después un trabajo de re-escritura a partir de lo que sucede en los ensayos, pero todo tiene que ver con eso: condensar o reorganizar algunas situaciones que en el texto parecieran que funcionan y después en escena no funcionan. En lo que estoy dirigiendo ahora, una obra que se llama *Etiopía*, que estrena en un mes, hasta ahora no toqué una sola línea del texto. Es un texto que yo trabajé mucho antes de ensayar, no tenía ninguna vinculación previa con el trabajo de las actrices. Después de haber hecho dos procesos de creación conjunta y de investigación con los actores, tenía ganas de volver a hacer algo así como una dramaturgia de escritorio y empecé a ensayar con la idea de no tocarle una coma. Y ahora alguna cosita posiblemente vaya a sacar, pero muy mínima.

Gustavo: *Vamos a intentar seguir el ritmo propio de esta charla, porque aquí tengo las preguntas un poco mezcladas. No sé si entendí bien. Parece que en algunos procesos vos ya tenías un elenco en mente. En otros procesos los buscaste después de la reescritura del texto. La selección del elenco, ¿cómo la hacés?*

Mariana: En todos los casos siempre con gente con la que tengo una relación previa, a veces de amistad o, a veces, también de la amistad pero no en el sentido más profundo de la amistad, aunque sí del conocimiento, pero con gente con la que tengo ganas de trabajar y con la que sé que comparto algo del pensamiento en relación a por qué hacemos lo que hacemos. En el teatro independiente...

Lola: *¿Por qué haces lo que haces?*

Mariana: Eso es una respuesta que uno está tratando de encontrar todo el tiempo. Cada vez más yo estoy entendiendo que tiene que ver con la necesidad de expresión, que hay algo de lo que yo escribo, de lo que yo dirijo, lo que implica atravesar el año de un proceso del montaje de una obra. Me refiero a las condiciones en las que trabajamos en el teatro independiente, porque no es lo mismo que te paguen por hacer tu trabajo, aunque te encante, aunque tenga que ver con tu necesidad de expresión, aunque tengas que alterar toda tu rutina laboral para tener que hacer ese sacrificio. Pienso en eso todo el tiempo, en la necesidad de expresión, en algo que a mí me convoca, que si no lo hago no puedo dormir, es algo bien profundo y bien visceral. Eso pasa también con las obras que yo termino de escribir, más allá de lo que uno está escribiendo y nunca termina o que son como ejercicios y cosas que no aparecen, pero ya cuando decido empezar a trabajar un material, y me digo : "esto va a ser el escenario" es porque empieza a ligarse con esa necesidad profunda de expresión, y que a veces coincide con las necesidades de otros de ser interpelado y a veces no; no necesariamente la necesidad de expresión de uno después cuaja en relación a una necesidad de expectación, como para poder dormir después de un momento.

Gustavo: *Ahora, eso que dices del teatro independiente, en relación a otro tipo de experiencia en que efectivamente hay un dinero de por medio y que eso también te fija, exige un plazo. Como dijiste, trabajaste ocho meses, y ahora doy un volantazo... ¿Eso es algo que te permite el teatro independiente o te lo permitiría un teatro no-independiente? ¿Te gusta más trabajar en ese formato independiente o en el otro?*

Mariana: Te lo respondería como una especie de prejuicio, con lo cual corro el riesgo de caer en cosas que, la verdad, no las conozco. No podría decir cómo funcionaría en otro ámbito y me gustaría tener la experiencia, no es que lo rechazo. No por lo comercial, pero sí trabajar en espacios que tienen financiamiento, como puede ser un teatro oficial o ciclos en los que hay involucrado un presupuesto. Sí es cierto que el teatro independiente, por la forma del trabajo, permite ciertas formas de experimentación que tienen que ver con el trabajo en el tiempo, pero también yo tengo una fecha de estreno desde hace un montón ya pautada. Y esa fecha de estreno empieza a operar y eso tiene que ver con la regulación en las salas. Cada día es más difícil conseguir un lugar. En mi caso, la verdad es que hace muchos años que trabajo y estrené todas mis obras en la misma sala, en La Carpintería, entonces no he transitado esa experiencia agotadora, a veces de mucho maltrato. La verdad es que tuve la suerte de tener un vínculo muy ameno con las tres chicas que dirigen la sala en la que estreno pero sí, obviamente, el teatro independiente tiene todo esto como cosas que lo determinan, que son parte de sus determinaciones, que muchas veces uno tiene que empezar preguntándose cuál es la sala, porque a veces tienes en mente un proyecto y es muy difícil imaginar escénicamente algo...

Lola: *O sea que tú sabes dónde es el espacio y lo que puede determinar...*

Mariana: Si yo tengo esa caja, claro, para mí ya es un punto donde comenzar. Por ejemplo, *Esquinas en el cielo* es un proyecto escenográfico que estaba pensado para esa caja negra con un escenario de esas dimensiones, para producir ese texto. Si yo lo hubiese trabajado en otro espacio—y no sólo yo, cualquier director—porque es como negar el texto que produce el espacio, la distancia con la plantea, un montón de cosas; son teatros que te obligan a trabajar en una intimidad porque la distancia es ésta, no tengo otra profundidad, entonces o lo pongo a favor o hago un desastre, para decirlo de alguna manera.

Lola: *¿Has tenido experiencias de cambiar un espectáculo de espacio?*

Mariana: No.

Gustavo: *Volvamos a la parte financiera: ¿cómo trabajas? Supongo que convocas al elenco pero, ¿cuáles son los pactos? ¿Cómo se da la financiación? No sé si tenés productor.*

Mariana: Te cuento un poco: el pacto es tipo de caballero; en este sentido, siempre surge, como te decía, de cómo busco a la gente; más allá del talento artístico, digamos, que uno le reconoce a alguien y eso es central porque es la posibilidad de que después la obra funcione; y en todas mis obras, nadie cobró, ninguno de los actores cobró el proceso de ensayo, yo tampoco, nadie de nosotros; entonces, el pacto es trabajar en cooperativa y la cooperativa, en general, supone que hay un momento de recupero de ese dinero, y después que se recupera el dinero de la inversión, se divide equitativamente lo que se genere por bordereau, por la venta de entrada. El pacto es trabajar en cooperativa; técnicamente la organización está regulada por la Sociedad Argentina de Actores, en ese sentido sí el trabajo en cooperativa está estabilizado, uno completa un papel y se compromete, etc. La realidad es que es muy difícil ganar dinero con el teatro independiente. El teatro independiente produce algo muy perverso y es que en general todos ganan plata, menos el director y los actores. Eso como punto de partida: yo hago la producción de mis obras; a veces tengo a alguien que trabaja conmigo en la producción, pero no es algo de lo que yo me desentiendo; al contrario, trabajo y trabajo fuertemente y sí me interesa como teatro independiente, entendiendo que lo independiente no es lo opuesto a lo profesionalizado. Al revés, tienes que estar sumamente profesionalizado o, cuanto más uno puede estar anticipado a un montón de cosas, más puede hacer rendir un presupuesto. Si yo tengo que salir corriendo a buscar un montón de cosas que no las pensé hace dos meses, las voy a pagar más caro. Hay que prever. Lo que hago es fijar un presupuesto: para esta obra vamos a gastar, supongamos, cuarenta y cinco mil pesos; eso va a ser nuestro presupuesto, el presupuesto con el escenógrafo, con el vestuarista, tengo algunos valores de referencia. En lo particular, trabajo con gente con recorrido, con trayectoria; para mí es importantísimo el escenógrafo y la vestuarista. No me gusta eso de traer una tela de un amigo o traigo una silla que tengo en mi casa..., no puedo trabajar así porque no me parece que eso genere el lenguaje, o genera el lenguaje de eso: lo que juntamos, hicimos lo que pudimos. A mí me interesa la mirada del escenógrafo y eso implica que tengo que tener un presupuesto, a veces es un poco elevado para otras producciones, y tratamos de no movernos de ese presupuesto. Como el escenógrafo, Félix Padrón, al que le digo: "Félix, para vos hay veinte mil, incluye materiales, honorarios, luz..." y vemos qué podemos hacer con eso que esté a la altura de eso que nos imaginamos como escenografía. Después viene la parte de conseguir el dinero. Para conseguirlo, en general, yo siempre aplico a todos los subsidios ProTeatro, INT [Instituto Nacional de Teatro], el Fondo Nacional de las Artes. ProTeatro es por lo general lo más esperable que salga. Después, adelantar dinero, siempre adelanto dinero y lo recupero cuando salen los subsidios y con los primeros bordereau. Las obras que hice fueron como muy múltiples: con *Esquinas*, por ejemplo a la segunda función, nos salió un buen subsidio de ProTeatro, bastante alto, nos lo dieron con la carpeta que presentamos, y a la tercera función con el bordereau se habían cubierto todos los gastos.

Con la primera obra perdí plata, bastante, como si te dijera en plata de hoy unos ocho mil pesos, lo que nunca se ha recuperado. Lo que tienen también los subsidios es que, aun cuando te los otorgan, en general el plazo de pago es larguísimo; a mí me puede salir ProTeatro pasado mañana, pero yo lo voy a cobrar en diciembre, igual, entonces esto genera que vos, sí o sí, más o menos tengas una capacidad de adelantar un dinero, que puede ser mayor o menor, en función del proyecto, pero en general siempre tenés que pensar en adelantar dinero.

Lola: *O sea que trabajas en algo que no es de teatro para poder tener ese dinero que necesitas poner para empezar un proyecto.*

Mariana: Yo trabajo dando clases, con lo cual no sé si no es el teatro, pero sí hay algo de esto, de una inversión que es propia. Me pasó que gané hace dos semanas un premio, el premio Artei por la obra que estoy haciendo y que es un premio con el que te otorgan un dinero para producción de obra y por primera vez tengo un montón de plata antes. (*Risas.*) ¡Tendría que ser habitual! Yo nunca hice giras ni nada. La gente que trabajó haciendo giras y que conoce los elencos europeos, o algunos grupos europeos que conocí acá, me cuentan que para ellos es impensable lo que nosotros hacemos; les contás que nos juntamos y nadie cobra…; es como incontenible esa idiosincrasia, son realidades completamente distintas. Para nosotros, en cambio, es algo que vemos como normal.

Gustavo: *Nos hablaste del bordereau. Ahora bien, ¿cómo estableces la relación con la sala en relación a la duración que va estar el espectáculo? O con los actores, ¿cómo fijas los plazos de trabajo, cuál es tu pacto? Porque supongo que todo eso tiene que ver con lo que pase con la crítica…*

Mariana: La duración tiene varias aristas y depende mucho también de la sala de la que se trate. Hay salas que son mucho más feroces y hay salas que son más plásticas y más con una concepción de socios del espectáculo; cuando deciden programar un espectáculo, deciden sostener, apostar a ese espectáculo. La verdad es que depende mucho de las salas. Te puedo contar desde mi experiencia con las salas que yo trabajé, que son La Carpintería, el Timbre Cuatro y el Teatro del Abasto. El acuerdo con todas las salas, algo que es bastante general para el teatro independiente, es que de la recaudación del bobereau, el setenta por ciento es para la cooperativa y el treinta por ciento es para la sala. Para poner un número, si se recaudan mil pesos, setecientos son para la cooperativa; de esos setecientos la cooperativa descuenta el gasto del técnico de la sala, al técnico de la sala siempre lo paga la cooperativa, así que a esos setecientos hay que descontar los ciento cincuenta para el técnico, y la sala el treinta por ciento. Cuando uno firma un contrato de sala; ese contrato estipula una duración de una temporada. Hay salas que hacen contrato de sala por ocho funciones; por ejemplo, en La Carpintería yo siempre hago de tres meses, son doce funciones y en general la renovación, lo que ya está estipulado, es que la renovación queda un poco como sujeta al desempeño de la obra, del espectáculo durante esos tres meses. Como ves, ocho funciones para una obra, no es nada. Es imposible que una obra pueda hacer un recorrido en ocho funciones, una función a la semana. Entonces hay obras que no llegan nunca a despegar. Hay que tener mucho cuidado porque uno dice: "Conseguí una sala" y eso te puede llegar a matar la obra, porque no te renuevan el contrato y entonces, con una obra que ya estrenó, tenés que volver a salir a buscar una sala, con otro espacio, pagar de vuelta una puesta de luces, que no te entran algunos dispositivos que mandaste a hacer para la otra sala… ¡Es feroz! Hay salas que tienen esa lógica más vinculada a la lógica comercial, donde el espectáculo rinde, donde no hay ninguna cosa artística. Así, por ejemplo, La Carpintería tiene una caja negra y tiene una platea que tiene una máxima de noventa y ocho localidades. Queríamos con el escenógrafo generar una especie de efecto como de túnel, de escenografía tipo encajonada, con un efecto de fuga, necesitaba juntar las sillas y dejar pasillos al costado y eliminaba como veinte localidades. Pero digo: ¡Esperá!, estaba buenísimo y tenía que hablar, déjame ver, era un planteo artístico, y las chicas del teatro lo aceptaron. Prima lo artístico y se eliminan butacas para favorecer la lógica de la concepción de la puesta en escena. Pero hay salas también que este acuerdo de setenta-treinta, cobran un seguro de sala; es algo que después se instala pero al principio se debate si es legítimo o no; lo que hacen es fijar un mínimo, que si el treinta por ciento que le corresponde a la sala por la recaudación del bordereau no llega a un piso mínimo, el elenco tiene que completar. Pasa en la realidad que terminás pagando por hacer una función. ¡Pagando para hacer una función! Hay algo perverso y extraño en esta forma que si uno no está como muy advertido de algunos mecanismos puede ser bastante frustrante y angustiante.

Lola: *Como mujer, ¿sientes que has irrumpido en un territorio más o menos vedado? ¿Cuál ha sido su experiencia?*

Mariana: Como mujer he irrumpido porque todos los territorios me han sido vedados. Entre los diez escritores o dramaturgos más importantes; nunca hay una mujer. Pareciera que todo es a contrapelo. En el área teatral, incluso en la literatura, hay un conservadurismo que persiste en un montón de cosas. Como en el caso del teatro independiente, yo tengo treinta y cinco años, mi primera obra la estrené hace cinco, en el 2010; empecé a escribir o producir en el 2008, y ha había bastante terreno ganado, muchísimo ganado, por muchas mujeres muy reconocidas en el ámbito teatral. Entonces no se hace sentir en el ámbito teatral como en otros espacios, pero todo está percibido a partir de una categoría de miradas machistas o patriarcales, por lo menos, incluso toda la organización. El teatro, particularmente, es un terreno en el que se ha ganado, por ejemplo, con Griselda Gambaro, una de las dramaturgas más importantes; es un referente y luego toca abrir y ensanchar ese territorio. La mujer, en general, produce materiales femeninos.

Lola: *¿Qué es un material femenino, Mariana?*

Mariana: Es difícil tratar de pensar esto, pero es reconocible la impronta y me estoy refiriendo también a la literatura, no solo en el campo temático sino por la textura de una puesta en escena.

Lola: *¿Tú piensas en el género cuando diriges o cuando escribes? ¿Es deliberado?*

Mariana: No, pero es como si uno quisiera escribir con la mano con la que no escribe. Es lo que está conmigo. Cuando hice la obra de Malvinas, estaba trabajando a partir de una novela, y traté de pensarlo desde dónde se me presenta la cuestión de género sin tener que... Algo que yo quería hacer era no ser historiográfica. Pensaba que ya habían pasado treinta años, había un discurso historiográfico, periodístico, todo ese tema ya estaba muy trabajado. Entonces pensaba qué posibilidades había de construir una ficción. Trabajé con dos soldadas, dos mujeres, y aparecía eso como algo vinculado con lo que había sido negado, silenciado en la historia. Ahora empezó a aparecer, este año. Me contacté con la doctora que, creo es socióloga, y está haciendo una tesis, una investigación sobre lo que quedaba silenciado de Malvinas, que todavía tenía que ver con el rol de mujeres enfermeras, que no habían participado en el ejército. Y todo eso tiene que ver sobre todo con el abuso sexual, estrechamente ligado a un contexto militarizado. Así, lo primero que se me ocurrió preguntar al momento de empezar a escribir fue: ¿hubo mujeres? Había cuatro obras en simultáneo en la cartelera sobre Malvinas y la única obra escrita por una mujer y que tenía la presencia de las mujeres era la mía. ¿Se entiende? No digo que sea algo feminista.

Gustavo: *Ahora, dentro de estos temas, te coloco una pregunta antes para luego enganchar con otras. ¿Has tenido una experiencia anterior como actriz?*

Mariana: Yo me formé como actriz en Timbre Cuatro y llegamos a hacer algunas muestras y después hice alguna cosa más performática.

Gustavo: *¿Estos ejercicios fueron dirigidos por hombres?*

Mariana: Sí, mis profesores fueron casi todos hombres, estoy tratando de pensar si hubo alguna mujer.

Gustavo: *Y ahora vuelvo a la pregunta que quería hacerte. ¿Cómo en tu práctica de directora se inscribe el tema del género? Por ejemplo, ¿te es más fácil dirigir a hombres que a mujeres? ¿Es igual? ¿En qué consideras que el género impacta tu trabajo como directora?*

Lola: *Si cuando diriges, por ejemplo, y piensas en vestuario, movimiento, en gestos y desplazamientos sobre el escenario, en quién lleva el discurso, ¿tienes presente la opción de género?*

Mariana: Está buena la pregunta, porque sería innegable pensar en toda la energía que circula que, yo te lo podría poner en estos términos, es una energía erótica. Porque lo primero que requiere el trabajo es de una pasión que es erótica. Y eso hace que circulen muchísimo las distintas energías. En todo lo que se pone en juego en un proceso, uno se vuelve muy pasional donde se implican un montón de cosas que tienen que ver con las pasiones, especialmente en un proceso de dirigir, de actuar los miedos, todo eso, a lo que uno tenga que responder, por ejemplo, conteniendo a un actor. No sé si eso es un rasgo de la mujer, pero estoy segura que incluso hay directores hombres hoy que lo tienen muy desarrollado. Es un rasgo que tiene que ver con desplegar cosas que no tienen que ver con generarle al actor un recorrido para que trabaje en la escena, sino con todo lo otro que implica en sí el vínculo con el director. Por ejemplo, si yo tengo un elenco fuertemente femenino, trato de tener—de hecho trabajo con—un escenógrafo masculino y me interesa su mirada masculina. Yo quedo así mucho más libre para pensar algunas cosas y de pronto él me dice "esto es más sucio". Y yo le digo, poniéndolo en estos términos: "esto es más de hombre; a ver, decímelo vos como varón". Y ahí se produce algo. ¿Se entiende lo que digo? No sé si lo puedo formular tan teóricamente en términos de un discurso de género. Pero te puedo decir que sí, que opera. A mí me gusta trabajar con mi escenógrafo porque él es varón y siento que, con su mirada de varón, él ilumina otros elementos.

Gustavo: *Ahora, en la práctica misma de dirigir, que usualmente involucra criterios de autoridad y criterios de disciplina, ¿cómo te sitúas respecto a esto?*

Mariana: ¿Hablando de autoridad en el sentido de la autoridad de la crítica?

Gustavo: *Digamos que de pronto tenés que asumir un rol de autoridad; por ejemplo, llega un momento en que estás muy próximo al estreno y a pesar de que el trabajo ha sido muy colaborativo, de pronto, como les ocurre a algunos directores, sienten que ya ese intercambio terminó y que a partir de cierto momento se hace lo que él o ella dice, en tanto siente que debe asumir toda la responsabilidad frente a ese evento artístico.*

Mariana: Es una de las cosas más difíciles. ¿Por qué? Porque se mezcla con la cuestión de la cooperativa: cierta percepción de horizontalidad que supone el trabajo en cooperativa, a veces atenta con el trabajo porque hay decisiones que son del director. No puedo estar discutiendo una cosa estética, si vamos a gastar 500 pesos más o menos en algo que para mí es fundamental para la puesta en escena. Eso en cuanto a la producción y lo mismo con algunas decisiones que tienen que ver con la autoridad, que tienen que ver con cómo se mezclan los lazos personales. Hay actores que son más vagos; no les gusta ensayar, quieren resolver. No puedo trabajar con ese tipo de actores. A mí me interesa que no quieran resolver, me interesa que estén perdidos, pero que sepan la letra, que vengan con la parte mínima de trabajo. Entonces ahí se mezcla la cuestión de autoridad de cómo vos, como ellos dicen, te ponés la gorra. Y no es eso, porque en otro ámbito uno circula con esos amigos de otra manera y, de repente, estás convocado a ser exigente con horarios. Especialmente cuando nos vamos acercando al estreno. Y lo mismo con el tema del dinero, con lo que estás pagando. Es toda una trama, si uno quiere hilar fino. ¿Cuál es el pacto? Y volvemos a lo que hablábamos al principio. Uno tiene que encontrar el modo de poder entrar y es uno de los desafíos enormes del director, en cómo hacés para entrarle a un actor. Ahora estoy trabajando con una actriz que, no lo puedo creer, es una persona que solo funciona si la cagás a pedo. ¿Cómo podés empezar a retarla? Eso comienza a ser parte de la estrategia, es horrible. Y allí te cuestionás justamente en cómo funciona eso de la autoridad.

Lola: *Y ese problema de autoridad, como lo describes, ¿funciona igual con los actores que con las actrices? ¿También con los técnicos?*

Mariana: El técnico, por lo general, está mucho más pautado o, mejor, como está regulado por el dinero, es distinto, obedece mejor. Es un trabajo mucho más tradicional. Más allá del hecho de que un escenógrafo, si tiene que hacer un trabajo de escenografía para el teatro comercial u oficial, lo cobra de otra manera. Mi escenógrafo trabaja en los tres ámbitos y no cobra lo mismo. Es distinto porque está atravesado por el dinero.

Gustavo: *En este ámbito, hablando así de los actores, ¿cuál es la cualidad que un actor tiene que tener sin la cual vos no podrías trabajar con él o ella?*

Mariana: Resulta que termino trabajando con gente con cualidades tan distintas que me digo "nunca más"; y lo mismo les pasa a los actores en relación a los directores. Hay gente con las cuales no puedes trabajar. A mí me cuesta mucho trabajar con gente irresponsable, la gente que no cumple con los horarios y me ha pasado, por ejemplo, y estoy tratando de pensar momentos donde la cosa es más irresponsable y entonces el trabajo se vuelve muy difícil. Uno convoca a un actor y yo nunca saqué un actor de un elenco por un tema que no fuera acordado, es decir, algo que no está pudiendo lograr; uno llama a un actor y en general trata de hacer con eso que el actor tiene.

Gustavo: *¿Hay algunas escuelas de actuación en particular que facilitan tu trabajo como directora? Yo no sé si en Argentina hoy se da más Stanislavski...*

Lola: *O en cuanto a la dirección, ¿desde dónde se enseña dirección?*

Mariana: En general, sí, la formación es básicamente stanislavskiana. Yo me formé en Timbre Cuatro, es una escuela desde donde yo dirijo, desde donde yo imagino, desde donde yo pienso, tiene que ver con la formación de Timbre Cuatro que es una formación de base stanislavskiana, muy atravesada también por ciertas cosas que tienen que ver con lugares más tangenciales, como por ejemplo el teatro antropológico, el teatro con máscaras, pero la base fuerte es stanislavskiana. La formación en Timbre Cuatro está, además, muy vinculada con Andamio 90, para dar, para armar, si quieren, una geografía más clásica, más stanislavskiana, pero muy atravesada por otras disciplinas. En general ahora todo tiende a estar más abierto. Muy difícil encontrar a alguien cerrado en un solo método, por ejemplo, Raúl Serrano, aferrado al Método. Timbre Cuatro, que es una escuela hecha por gente que tiene 38 o 40, es una generación bastante posterior a la de Serrano, han generado un método más de cruce, más propio. Y eso porque nuestra tradición es realista. Después que todo eso impacta la dramaturgia, lo que cuesta hacer pensar a alguien fuera de los parámetros del realismo, es una cosa difícil de trasmitir; hay algo tan transmitido, que van generando un posibilidad que tiene que ver con las escuelas, pero tiene que ver con toda la tradición de formación y de poéticas de escrituras. Porque nosotros tenemos una tradición extremadamente realista, con todas sus vertientes.

Gustavo: *¿Y cómo te posicionás vos en relación a ese realismo o a las tendencias que hay hoy en Buenos Aires o en Argentina, que son estéticas y también políticas?*

Mariana: Lo percibo—estoy tratando de organizarlo—trato de armarme preguntas personales; como que sea mi momento de preguntarme por el realismo y no guiarme por las modas. Porque aparece también esa moda que se instala y todos empiezan a producir bajo ese paradigma. En ese sentido, ya con mi obra anterior, empecé a frecuentar algo que es como un género fantástico; ahora estoy trabajando en una obra que se estrena dentro de un mes; los personajes son dos muñecas. Empecé a separarme del realismo pero porque tenía que ver con un pensamiento mío que iba operando en esta mirada, en ir más allá. Y eso me obliga también a tener que ir más allá con las actuaciones. Ya no me sirve el realismo. Estoy por eso trabajando con dos actrices que son clowns, pero que no hacen payasas. Todo eso va impactando. Sin embargo, eso tiene que ver no con la idea de que haya que romper, como si fuera algo programático tener que romper con el realismo, sino algo que tiene que ver con la necesidad mía de construir fuera del realismo, también por una cuestión de vértigo. A mí me gusta tener que hacer algo distinto a lo anterior, pero no como una especie de mandato de no repetirse; sino que se trata de volver a correr el riesgo de no saber cómo se hace realmente algo, de que el proceso de dirigir se dé como un proceso de investigar y también encontrar cómo escribir y no saber cómo eso se elabora escénicamente. Pero, de todos modos, el realismo es la poética que manda.

Lola: *¿Crees que este cambio tuyo tenga que ver con un proceso de maduración respecto de otros ámbitos, a tus ámbitos de tu modo de pensar, de sentir, a tu modo de estar en el mundo?*

Mariana: Si lo pienso bien, creo que tiene mucho que ver con mi cosmos cultural: en los últimos años dejé de leer realismo, me aburrió, no me interesa más; empecé con muchos otros autores y no solo en el teatro sino en la literatura y poder pensar por fuera del realismo, y lo mismo con la relación con otras formas teatrales. Empecé sobre todo en este último tiempo a leer otros materiales, que tal vez no son las más canónicas o las que más se estudian. Porque todas las escuelas lo que tienen programáticamente es una serie de autores. Esto genera un recorrido, y yo me estoy armando como un mapa propio.

Lola: *¿Puedes nombrar alguno?*

Mariana: ¿De los autores que son como más transitados?

Lola: *No, no, al revés.*

Mariana: Por ejemplo, Fernando Arrabal; para mí conocer, leer, a Fernando Arrabal fue una especie de apertura, como otra dimensión. También me gustan algunos textos de Tantanián que están absolutamente corridos del realismo. Cuando empecé, no a escribir la obra de las muñecas, pero en el tiempo en que yo estaba fracasando con un material de la dictadura pero en términos realistas, leí una obra de Tantanián que se llama *Juego de damas crueles*, es un texto maravilloso donde los personajes son humanos pero la lógica no tiene nada que ver con la construcción realista. Eso me abrió mucho y, en relación con la obra de las muñecas, me empezó a producir otros campos posibles de construcción. También Silvina Ocampo, entre los canónicos, Beckett, que me gusta muchísimo. También me transformaron bastante algunas cosas del teatro francés, Teatro del Sol, algunas cosas que he visto en el FIBA.

Lola: *¿Y el cine?*

Mariana: Respecto al cine te tendría que decir que, para mí, en menor medida que la literatura. En bastante menor medida. Veo mucho cine, veo mucho cine argentino, pero a las películas argentinas que se estrenan, no las podría situar como influencia.

Gustavo: *¿Que directores de teatro, aunque no hagas eso, más que influenciarte, te han impactado como directora, sea a nivel nacional o internacional?*

Mariana: Pienso sobre todo en Claudio Tolcachir, que es mi maestro. Me gustaba mucho lo que hacía Gené. En la construcción del lenguaje retomé la elaboración de la sensibilidad, de poder pescar qué es lo que me interesa: me interesan los directores que puedan producir una conmoción sensible, me produce una emoción, me transforma en una emoción. Para poner otro caso, no porque lo rechace, nada de eso, por ejemplo Spregelburd, apela más a tu intelecto. Con toda su genialidad, me gusta mucho menos; lo veo pero me resulta menos atractivo. Tiene como una entrada mucho más intelectual, que apela a lo intelectual. Para mí ver una obra de Spregelburd, con todo el respeto del mundo o no, es como ver cuán inteligente somos todos. A ver si somos todos tan inteligentes y entonces podemos correr una carrera contra su inteligencia que es siempre superior. (*Risas*). A mí ese tipo de teatro no me interesa, por más que me parezca genial lo que hace, porque es un genio. Hay otras obras que me dejan perplejo del mundo. Por otro lado, *Dínamo*, la última de Tolcachir, me encantó, me generó controversia, me sentí interpelada, me inquieta del mundo, no sé si el lenguaje con el que está construida, pero con esa gran sensibilidad. En ese sentido, como que me puedo reconocer ahí. No tanto por los temas, sino por esa sensibilidad.

Gustavo: *En ese sentido, cuando estás trabajando en la dirección, en el proceso, ¿cómo aparece la figura del espectador? ¿Se registra, no te interesa, hay un perfil, que de pronto te obliga a tomar decisiones? No me refiero al público.*

Mariana: No, no, te entiendo, el espectador como la idea de una interlocución imaginaria que se produce. Con toda certeza te digo que sí, pero porque uno entiende que la obra es una superficie de comunicación con un otro; a mí, más que la obra en sí, me interesa lo que puede producir en ese encuentro con el que la está mirando, si no, me quedo haciendo cosas en mi casa. Todo el tiempo pienso qué campos de maniobras posibles un material produce sobre el espectador. Que después eso coincida con un espectador empírico y que eso produzca efectivamente algo, eso es parte de otra instancia. Que, por ejemplo, puede tener que ver con el horario en que se programa una obra. No es un azar absoluto. Y en el proceso de dirección, el director es un sustituto de la mirada del espectador, hace oficio de espectador cuando el espectador no está. Todo el tiempo uno está pensando cuestiones que tienen que ver con el espectador, desde qué campo de emociones puede provocar, cuáles le interesa provocar y cuáles no. Ahora, por ejemplo, tengo un dilema tremendo si al final de la obra, que es un final muy crudo, le pongo música o no. Porque eso determina qué tipo de emoción final vos le provocás al espectador. ¿Lo quiero hacer llorar? ¿Quiero hacer que toda esa angustia que le produjo se aliviane y de repente no tenga peso? Y me dicen: "¿Vas a poner música?" Y tengo que pensar un montón si voy a poner música, qué música voy a poner si pongo música y qué consecuencias tiene esa decisión. Para mí es una pregunta importantísima.

Gustavo: *¿Cómo es el perfil de ese espectador? ¿Es un espectador local, porteño, de clase media? Suponiendo que tuvieras subsidios para viajar, sea a Berlín o Tucumán, ¿crees que trabajarías de la misma manera como directora? ¿Crees que tus obras, así como están ahora, tocarían a esos espectadores de la misma manera?*

Mariana: Definitivamente el público de La Carpintería es un público burgués. Mi maestro Ricardo Monti, con quien escribo mis obras, superviso con él—lo adoro, tengo una relación de discípula—decía "en el momento en que entendí que iba a escribir un teatro burgués"—porque uno se desempeña en un ámbito; eso es innegable, si no vives en una nube que no es—"entendí que tenía que escribir para una platea de culpables". Esa relación con el público, yo no la concibo, por ejemplo, como entretenimiento, como una especie de que mi teatro participa del tiempo del ocio, más allá de que signifique una salida para el tipo que va a ver teatro. Esto es una de las cosas por las cuales a mí me gusta hacer teatro los domingos, porque me parece que es un horario que se separa un poco más de la organización del ocio, del teatro, la pizza, la noche. Es mucho más libre: sale porque quiere ir a ver la obra. No es el que organiza una salida e incluye una obra. Ahora bien, uno escribe para cualquiera. En nuestro medio, se hizo una investigación de público del INT, como hace dos años, y no solo es un público burgués, sino que es un público universitario. El 85% del público del teatro independiente, aparte de endogámico, porque todos nos vemos en todos los teatros y eso está generando cierta apertura, es sobre todo un público universitario. Y eso supone una práctica espectatorial muy determinada. Son operaciones que están todo el tiempo trabajando en la escritura. No busco plantear qué bien pensante que somos todos. No me interesa vincularme desde ahí. Ni estoy tampoco ligada al entretenimiento.

Gustavo: *Y en esa relación con la escritura y ese perfil de espectador, ¿tienes algún género en el que te sientes más cómoda, por ejemplo, la comedia, el drama, lo trágico? ¿Te interesa mezclarlos? ¿Cómo es tu relación con el género teatral?*

Mariana: Es una cosa que sale. En general, todo lo que yo escribí puede estar más vinculado con el drama, en el sentido más tradicional. Tampoco tengo muy en claro qué delimita a cada uno. Pero me interesa trabajar ciertos aspectos del humor; no en el sentido de la comedia, pero sí me interesa qué puede producir un efecto emotivo, la risa es un efecto tan emotivo como la lágrima. Y ese es el campo que a mí me interesa, el de las emociones. En general, cuando se empieza a configurar una historia, de la trama o del argumento, ya en la elección del tema, algo que me lleva al drama: Malvinas en que son soldados, o en *Etiopía* que son dos muñecas a las que se les perdió la niña y no saben qué pasó. Esos temas se me imponen y tiene que ver con la angustia que a mí me produce el mundo. Trabajo en general con el campo mío de angustia, no con el campo mío de lo que me gusta o me entretiene. Y eso hace que aparezca un registro. No lo tengo muy claro.

Gustavo: *Y en cuanto a las artes con las que te formaste, ¿crees que hay un arte, como la música, la arquitectura o la pintura, por nombrar algunas, que más influencia tu trabajo en tu rol de directora?*

Mariana: Desde la plástica pero de un modo que no te podría definir. Si alguien me pregunta "qué estás haciendo", digo "estoy trabajando", pero estoy, por ejemplo cuando estoy en casa, mirando fotos de pinturas. A veces tiene que ver con capturar una atmósfera. Pienso por ejemplo en Bacon, ese tratamiento del desgarro. Tengo el hábito de bajarme material. Por ejemplo, ahora para esta obra de las muñecas, no sé si vieron la muestra de Liliana Porter en el Malba, la última, la del hombre del hacha. ¿La conocen? Liliana Porter es una artista plástica argentina que vive en Nueva York y que trabaja con cosas que a mí me encantan. Mi obra está atravesada por Liliana Porter, pero no que fui a ver qué agarro. Trabaja con unas miniaturitas generando situaciones que tienen que ver con el mundo humano, con unos muñequitos muy chiquititos y objetos gigantes: por ejemplo, una mujer muy chiquitita tejiendo que tiene un ovillo de lana gigante rosa. "El hombre del hacha" era un tipo, una miniatura con una hachita armaba todo un recorrido que había alterado el orden de todo el universo. Depende desde dónde uno empezara a ver ese recorrido, terminaba con un piano dado vuelta; si uno lo miraba desde otro lado, parecía una escena devastada de postguerra. Pero se llamaba el hombre del hacha, empezaba todo eso con el hombre del hacha. Y su obra estaba todo el tiempo en mi campo de referencia en mi obra con las muñecas. ¿En qué punto se liga todo eso? No sé. Uno se va a dormir, al otro día se despierta y empieza a escribir y todo eso produce determinada dirección. Pero sobre todo para provocar ciertas emociones. Ese impacto es lo que uno necesita.

Lola: *Cuando vas a los ensayos y te reúnes con los actores, ¿cuánto les cuentas de lo que estás pensando, de lo que vas haciendo o lo que vas a hacer? Objetivos, procesos…*

Mariana: Depende mucho el tipo de actores que tenga. En general, para objetivos y procesos, en términos de fechas, eso sí lo planteo; por ejemplo, vamos a hacer diez ensayos de improvisación, después yo paro a escribir tres meses, retomamos en junio. Yo funciono bastante calendarizada. Soy muy de trabajar en el azar, pero necesito esos marcos de referencia que para mí funcionan en mis procesos creativos. Después trato de no contaminar el ensayo sobre todo con pensamientos extra-teatrales. Te puedo decir lo que *no* hago: qué estamos diciendo con esta obra, de qué estamos hablando. Eso no lo hago nunca. Estoy como muy ligada a la acción, lo que vos tenés que hacer en esta escena, lo que te sirve para entender y producir la escena. Cada vez menos, y eso lo he ido aprendiendo con el tiempo, estoy menos ligada al campo referencial. Lo que les conté de la música: para este espectáculo, lo estoy pensando desde hace un montón de tiempo, pero no llevo eso al ensayo. Con los actores hablo mucho del proceso, de lo que estoy buscando, pero siempre en términos del trabajo actoral o del lenguaje escénico, por qué son importantes algunas cosas. Tiene que ver con que entiendan el lenguaje y no como un efecto de sentido posible de lo que tienen que producir. En *Esquinas en el cielo*, cuando empezamos a hacer funciones con público, todo el mundo empieza a decir, a etiquetar, "¡qué perversión!" Los actores te empiezan a decir: "yo nunca me había dado cuenta de que era tan perversa". Porque yo nunca lo hablé en esos términos en los ensayos. Tampoco era tan consciente para mí que había tanta distancia en lo que después se iba a producir en los espectadores. Yo me ocupo de organizar lo que se vio. Cuando se instala ese comentario, para la actriz era como otra obra, diferente a la que yo había construido; yo evito hacer ese tipo de comentarios en los ensayos porque eso genera como una ilustración y los actores comienzan a querer contar algo. ¡Ay, estamos hablando de perversión! A mí me interesa que cada actor encuentre de qué está hablando él con el trabajo que está haciendo, no que tengan que hablar de lo que estoy hablando yo; ese campo de por qué están haciendo una obra, por qué participan y me parece que es de ese modo que tiene que haber una comunidad de sentido en el elenco. Más allá de que a veces preguntan y tengo que explicar por qué he tomado tal decisión. Si no, lo que trato es de estar más conectada con la cuestión técnica, en el sentido de trabajar la acción de manera superstanislavskiana. La acción, la expresividad del cuerpo...

Gustavo: *¿Cuándo en este proceso aparecen los llamados técnicos o artistas? Me refiero al escenógrafo, el vestuarista, el músico.*

Mariana: He ido aprendiendo con el tiempo que desde el principio. En mi primera obra no lo hice desde el principio. Pero cada vez he ido entendiendo más que uno puede generar en conjunto el lenguaje de la obra; el escenógrafo no tiene que ir a interpretar algo que vos te armaste y ver luego cómo materializarlo, sino que es parte del proceso constitutivo. Llevo ya varias obras que vengo trabajando con el mismo escenógrafo, entonces eso te produce esa capacidad de lo primero que se te ocurre es juntarme con él. Antes de empezar a ensayar, hay que pensar algunas cosas. Con *Esquinas* había trabajado bastante desde el principio, como si te dijera el segundo mes; y ahora con *Etiopía* empecé a trabajar antes de empezar a ensayar. La obra planteaba un desafío importante: cómo elaboramos el mundo de las muñecas. En el texto estaba escrito "dos muñecas que quedaron perdidas en una habitación". Tenía que evitar que fuera algo infantil, que el lenguaje de la puesta en escena no fuera el lenguaje de ese tipo de imaginario. Todo el tiempo tenía que ir despejando y despejando para ver cómo llegaba a un nivel de síntesis que me permitiera hacer un espectáculo. Quería ir a ensayar con las actrices teniendo una hipótesis espacial para organizar, porque sabía que, de lo contrario, iba a ser un caos. ¿Cómo vas a armar el mundo de las muñecas? Por eso empecé a hablar con el escenógrafo, diciéndole eso yo no lo quiero así, quiero que sea como desde adentro de la cabeza de las muñecas, el mundo como lo ven ellas, desde el punto de vista de ellas. Eso empezó a generar un lugar que pudiera extrañar, como remitir al espacio del que ellas todo el tiempo hablan, que es en el que están, la habitación, la casa, pero que a su vez no sea. Todo ese mecanismo comenzó a producir una hipótesis espacial y en los ensayos yo empecé a trabajar con esa idea. Con esa idea ya más o menos acotada, me fue más sencillo encontrar ciertas dinámicas. Tenía, por ejemplo, que sacar todos los elementos que generaran referencias de estatura: es la muñeca, pero es la actriz, entonces la cama tiene que estar en proporción a la muñeca. Así, cualquier cosa que hicieran, iba a generar una relación de proporciones.

Lola: *¿Y el vestuario? ¿Cuándo lo incorporas? ¿Y el maquillaje?*

Mariana: Lo mismo, al principio. El maquillaje no, porque necesito que la maquilladora vea una pasada con el registro de actuación para entender qué tiene que maquillar. Para mí no tiene mucho sentido generar un diseño de maquillaje antes. Con la obra de Malvinas, el maquillaje era como terminar de armar el mundo, terminar de armar el tiempo que el soldado había pasado, las lastimaduras que tenía; fue muy importante el trabajo de maquillaje, pero fue el último mes. Fue impresionante porque a partir del maquillaje los actores empezaron a creer en un montón de cosas. Es impresionante, a veces uno le da el valor que tiene. Cuando empezamos a ensayar con vestuario, en la obra de Malvinas, donde no era lo mismo hacerlo con la camisita, el vestuario impactaba. Hay otros vestuarios que no impactan tanto; en la obra de Malvinas fue muy determinante porque les hizo empezar a creer. Habíamos empezado a ensayar en un jardín de infantes y decíamos "esto es una trinchera, cuarenta grados bajo cero, están Malvinas". Era un ejercicio tremendo, pero luego el maquillaje les permitió poder creer en lo que estaban haciendo; fue el último mes. Vestuario más vinculado con la escenografía, con el trabajo de empezar a pensar conjuntamente la estética de la obra; más allá de lo que uno pueda entender por estética, me refiero al lenguaje que se está construyendo. En *Esquinas* era muy determinante el vestuario, una especie de muñeca congelada en el tiempo, esa niña. Con otras obras no es tan importante el vestuario. En mis obras siempre se requiere todo un trabajo de elaboración para pensar cómo construir ese lenguaje que fueran muñecas y que a su vez tuvieran el reflejo del mundo al que están aludiendo todo el tiempo. Eso generó la hipótesis de vestuario.

Gustavo: *¿Trabajas con asistente de dirección? ¿Qué tareas le asignas?*

Mariana: Trabajo con asistente de dirección; el asistente de dirección cumple varias funciones, para mí la más importante es cómo puede ir acompañando el proceso de ensayo para que yo pueda estar ocupada de cosas que tienen que ver con dirigir a los actores y no tener que andar armando el espacio de trabajo. Y también depende mucho de la personalidad del asistente con el que trabaje, lo que empieza a funcionar como espejo; para mí el asistente es un primer espectador. A veces estoy diciendo esto y miro al asistente y miro qué pasa. A veces quiero decir algo y busco apoyo en el asistente. Es una especie de otro que funciona, primero, para conocer las manías de los actores, qué necesita cada cual. Yo soy despistada, es muy delicado el trabajo del asistente; yo adoré trabajar como asistente de dirección por lo que implica el trabajo de los actores, conocerle la maña, que siempre alguno se olvida tal objeto y siempre les pido que estén alertas a eso. En el proceso de ensayo básicamente el asistente es como una especie de primer espectador y la persona para la que el actor está trabajando. El actor necesita trabajar para alguien aun en un ensayo. Ahora estoy por empezar el proceso de entrar en la recta final donde ya no les importa el director, no les importa el asistente, ya trabajó para mí. Tengo que llevar, al menos una vez por semana, a alguien al ensayo para que el actor tenga todo el tiempo ese registro de estar trabajando para alguien.

Lola: *¿A quién llevas? ¿Me podrías invitar?*

Mariana: Llevo a algún amigo. Y claro, con todísimo gusto pueden venir, cuando empiece a hacer pasadas, cuando esté la escenografía, más o menos dentro de dos semanas. Me encantaría. Tengo que consultar con el asistente los horarios. La verdad es que a veces uno se queda trabado en cosas, uno se pierde cuando está dirigiendo. Mentira que uno tiene todo resuelto, eso de que uno dirige y sabe todo. Uno se tiene que permitir muchas cosas; yo me tengo que permitir no saber qué estoy haciendo. Porque si yo tengo que tener la certeza de todo lo que estoy haciendo, no puedo trabajar.

Gustavo: *¿Cómo sabés cuándo una escena está terminada?*

Mariana: Cuando ya no le puedo sacar más nada. Y digo: "este es un límite mío". Aprendí que los límites, más que de los actores, son de uno. En el caso óptimo, cuando la escena funciona; cuando veo que esta escena está funcionando en todos sus planos: en su plano rítmico, en su plano expresivo, en su plano narrativo, en su plano emocional. Cuando están circulando las emociones, circula la verdad. Uno puede saber muy bien cuándo algo está funcionando: cuando uno está viendo su propia obra y la está viendo como espectador. Cuando te quedaste tranquilo, eso va bien; cuando te estás poniendo nervioso, es que la obra no está todavía, le falta algo, más allá de la neura de uno para la cual la obra nunca está. Cuando te olvidás que estás dirigiendo significa que ya estás viendo la obra como espectadora. Para mí, ver una función como espectadora, decir "fui espectadora de mi obra", me pasa una vez en una temporada. Son los momentos en que te das cuenta que la función estuvo muy bien. Y a veces uno sabe bien por qué, pero lo puede registrar por lo que le produjo de quedarse así, de estar participando, de hacer el trabajo del espectador, estar a la expectativa.

Lola: *¿Qué pasa contigo en relación a la crítica periodística o a la crítica académica? ¿Te influye, no te importa, la lees? ¿Prefieres mantenerte alejada?*

Gustavo: *¿Impacta tus proyectos futuros?*

Mariana: Tengo una relación interesante con varios investigadores, entre los que te cuento, Lola, desde que nos conocimos. Me interesa la crítica y me interesa de verdad. No solo por lo que publican, sino por el intercambio, por una devolución que te hace gente que te interesa, hay personas a las que les confío la mirada, como por ejemplo cuando viene Claudio Tolcachir. Es mi maestro y me interesa su mirada. Me interesa cómo se abre el pensamiento en relación al material. Muchas veces iluminan cosas que no sabía que el material tenía. Es genial cuando viene alguien que no viene a decir "esto está bien" o "esto está mal", sino a desentrañar los procedimientos, eso me parece que es la crítica, lo que es interesante del trabajo de la crítica y que yo lo vinculo menos con el periodismo. El periodismo busca una relación de inmediatez, algo más noticiable. Me interesa menos, lo hago, uno lo tiene que hacer como parte del proceso de una obra. Más me interesa lo que circula por la vía académica. Y eso no tiene nada que ver con el impacto que produce una nota en un diario.

Gustavo: *Y ese tipo de notas periodísticas, puede afectar bastante a los actores.*

Mariana: Exactamente, puede afectar a los actores.

Lola: *Y es también la que te lleva gente o no te lleva gente.*

Mariana: Nada lleva gente *per se*; si sale una nota en Página 12, lleva gente a una función. Llenás una función y eso empieza a circular y activar a los demás.

Lola: *¿Qué es lo que lleva gente?*

Mariana: El boca a boca. Y es imposible que eso suceda en otras funciones; lo que hablábamos al principio sobre los contratos de sala. Para que un espectáculo se instale, y no solo artísticamente en sus propios mecanismos, sino también para que pueda suceder ese boca a boca, necesita tiempo. Un espectáculo necesita tiempo. Entre que te recomiendan una obra y la vas a ver, ¿cuánto pasa? Me interesa el cruce que se produce, el intercambio, cuando alguien se interesa por mi obra. Muchas veces te hacen preguntas que me obliga a aprender un montón de cosas. Eso es lo que más me interesa. No son cosas que estás pensando cuando vas por la calle.

Gustavo: *¿Cuál es tu compromiso con la promoción del espectáculo? ¿Te involucras mucho? ¿La delegas? ¿La controlas mucho?*

Mariana: Sí, porque es como un rol de producción y un rol artístico.

Lola: *¿Trabajas con productora?*

Mariana: No.

Lola: *¿Con agente de prensa?*

Mariana: Sí. Estoy bastante encima de la promoción dentro de las posibilidades de un presupuesto. Uno haría muchas otras cosas si contara con más presupuesto. El tema es siempre cómo equilibrar el presupuesto y cómo generar la comunicación de la obra, pero en todo sentido, desde que hacemos fotos hasta cómo armar la gacetilla. Me meto en todo, porque todo eso produce la comunicación de la obra. Me interesa cómo se hace una gacetilla. Me interesa que una cosa de prensa no esté por fuera de lo que la obra es. A veces hay estrategias de prensa que van por fuera de lo que la obra es: la obra va por un lado y quiere generar con la prensa algo que la obra no es. Yo hice esta obra, no comunicamos algo que no está allí. Como cuando hicimos la obra de Malvinas y entonces algunos me decían "no pongamos, la gente no va a querer venir, va a creer que es un tema triste". Pero es la obra que yo hice, si no haría otra cosa. Son esas tensiones que empiezan a aparecer después en un proceso.

Gustavo: *Una última pregunta. ¿Hay alguna pregunta que siempre quisiste que te hicieran como directora y nunca te hicieron? Lola y yo necesitamos lavar nuestro rol de entrevistadores. (Risas.)*

Mariana: ¡Ay, qué pregunta! A mí me pasa al revés. Después de las entrevistas pienso "qué tarada que estuve, tendría que haber dicho...". Me tendrían que mandar antes las preguntas para poder elaborar un pensamiento. No, no creo que se me ocurra alguna pregunta que no me hayan hecho o quisiera que me hicieran. Estoy pensando en una nota de una periodista, con preguntas para las que uno no tiene demasiada respuesta salvo que uno quiera armar una respuesta fingida. ¿Qué relación hay entre lo biográfico y el trabajo? Hay preguntas que a veces son para mí como enigmas, esas zonas enigmáticas del trabajo, cuánta relación hay entre lo que uno hace y la experiencia que uno tiene en el mundo. Creo que cuando uno quiere agarrar ese enigma, se le escapa. El enigma es inasible.

Lola: *Ese sería más el tipo de preguntas que no quieres que te hagan.*

Mariana: Es una pregunta atractiva pero a la que yo no puedo encontrar una respuesta acabada.

Gustavo: *Algunos dramaturgos se quejan a veces de que la crítica se enfoca en una obra, usualmente la última y pierden la perspectiva de adónde va el proceso de una escritura cuando se la mira globalmente. Ahora sos muy joven y a lo mejor dentro de unos cuantos años eso se te aclara más. Lo que quieren a veces saber es adónde vas yendo con todas tus piezas. Una cosa es el espectáculo y otra cosa es tu obra, tu escritura dramaturga y escénica. ¿Sientes ahora que tienes una perspectiva que va marcando tu obra?*

Mariana: Con los críticos con los que tengo relación, que no son muchos, cuatro o cinco, tiene que ver con eso, con una historia. Más allá de lo que después pueda aparecer materializado en un trabajo de crítica. Una cosa es lo que sale publicado y otra es más una mirada más amplia que tiene que ver con la historia. Por ejemplo, la periodista de Página 12, que me hizo todas las notas, vio todas mis obras. Están buenísimas las entrevistas que me hace, y justamente por eso, porque tramar relaciones. María Daniela Yaccar, una periodista brillante, es la que pudo establecer algunas relaciones entre las obras. O gente que vio todas mis obras y te empiezan a devolver esa mirada, como por ejemplo cuando me dicen: "¡Qué tema para vos el del encierro!" Empiezan entonces a fijar esas insistencias poéticas, temáticas. Esto hace que uno se dé cuenta. Así como cuando uno lo ve en el trabajo de otros, pero el otro no lo ve. A mí me pasa eso mucho con los alumnos, que escriben una obra y luego otra y entonces vemos cómo hay algo que está retornando. Y uno está ciego frente a eso, a lo que insiste, está más allá de la conciencia, pero que si uno lo hace consciente, eso puede atentar contra la propia producción, porque uno se queda ligado a eso.

Lola y Gustavo: *Gracias por darnos la entrevista.*

GABRIELA IZCOVICH

Entrevista realizada el 8 de junio de 2015

Gustavo: *La primera pregunta es la más abarcativa. ¿Qué es para vos dirigir?*

Gabriela: En realidad tengo el concepto de que las distintas disciplinas que llevan a un hecho teatral, que sería una obra de teatro, que tiene que ver con la dirección, con la dramaturgia, con la actuación, son disciplinas que, en mi caso, generalmente están muy integradas. Muchos de mis espectáculos los actúo. En mi escuela la formación que les doy a los alumnos tiene que ver con que ellos tengan una formación integral de lo que significa la actuación, la dirección y la escritura. Muchísimas de las improvisaciones que se hacen en mis clases tienen una conciencia de lo que se está narrando. Allí también ellos están llevando una formación de dramaturgia. Entonces, como yo dirijo, actúo y escribo, a veces esas disciplinas están un poco mezcladas. Tengo un recorrido bastante amplio en la actuación, entonces también la dirección muchas veces está concebida desde el lugar de la actuación. Para mí dirigir sería como pintar el cuadro. El cuadro que previamente fue escrito. Sumado a eso, además, está el hecho de que yo vengo de la narrativa, ni siquiera de la dramaturgia directa. Hice muchísimas adaptaciones que vienen de novelas que fueron concebidas como tales, nunca pensadas como un hecho teatral, y mi cabeza funciona teatralmente inclusive desde la narrativa. Imaginate cómo vienen todas las disciplinas mezcladas: narrativa, dramaturgia, actuación, dirección. Y me importa mucho que en la formación de mis alumnos todo eso esté integrado, después que ellos decidan qué quieren. Dirigir, entonces, sería para mí poner a la vista del espectador todo lo que se hizo previamente que está integrado de alguna manera.

Lola: *¿A veces actúas y diriges al mismo tiempo? ¿Cómo lo haces?*

Gabriela: Sí. En esta obra, *Estás igual*, que van a venir a ver ustedes, yo actúo con Fabián Arenillas, es una obra que escribí yo y también dirigí yo.

Lola: *¿Cómo es el proceso?*

Gabriela: Esa sí es una obra que fue escrita directamente desde la dramaturgia; no adapté la novela de nadie. Es una obra mía. En general, cuando yo escribo, ya voy teniendo muy claro lo que quiero de los personajes y de la puesta en escena; todo eso ya está dentro de mi cabeza. Entonces, hay algo que se simplifica en el sentido de que si tuviera que trabajar la obra de otro dramaturgo, me sería más complicado, porque no me metí mucho en su cabeza. En mi caso, ya tengo todo metido adentro, entonces al momento de la dirección, primero, trato de ser astuta: trato de elegir muy buenos actores que no me den trabajo. Sé que son buenísimos, que hay algo ahí que yo voy a poder descansar tranquilamente; que además sean inteligentes y también me puedan ayudar a mí a la hora de la observación que ellos hagan del trabajo que yo voy haciendo actoralmente. Pero trabajo un poco disociada. La puesta está, generalmente, pensada antes, no me preocupa eso. Trabajo en mi estudio, en los ensayos y después busco un espacio escénico, un teatro que sea acorde a lo que yo imaginé. Después voy dirigiendo al actor pero también, siempre me pasa, yo tengo un concepto cuando escribo de los otros personajes. Pero cuando aparece el cuerpo en vivo de la persona, con su expresión, se me modifica radicalmente y el personaje pasa a ser esa persona, con las emociones y las expresiones que tiene, que son únicas. Y eso tiñe el personaje que yo escribí, que originalmente fue concebido desde un lugar y que al aparecer el cuerpo en vivo, obviamente con todas las características y único—porque no hay dos cuerpos y dos expresiones iguales—se me va armando otra cosa de alguna manera. Se respetan un poco los textos, pero también se modifican; te diría que la escritura original termina a la décima función una vez de haberse estrenado el espectáculo. Uno va ahí chequeando verdaderamente y viendo la reacción del público y entonces hace modificaciones.

Lola: *¿Modificas la dramaturgia durante las funciones?*

Gabriela: Te diría que durante las primeras diez funciones. La escritura definitiva se logra después de esas funciones. A ver, yo parto de un guión clarísimo, eso se estudia a la perfección. Después vas haciendo modificaciones a lo largo de los ensayos, porque vas viendo que tal cosa no funciona; ni te hablo cuando vengo de la narrativa, porque muchas veces he adaptado novelas que después, al probarlo en la acción, siguen siendo muy literarias. Y entonces eso dramatúrgicamente no viene bien y modifico pequeñas cosas. Y después cuando está el espectador ahí, tenés la realidad concreta de lo que generaste de acuerdo a las reacciones. Te diría que la escritura definitiva termina una vez estrenado el espectáculo y con varias funciones posteriores al estreno.

Lola: *El espectador, entonces, tiene un rol fundamental en tu propuesta.*

Gabriela: Si no hay espectador, no hay teatro. Empecemos por ahí, imagínate lo fundamental que es.

Gustavo: *Ahora, cuando vos dirigís, durante el proceso, antes del estreno, ¿hay un perfil o modelo de espectador que más o menos tenés en mente?*

Gabriela: Sí. Siempre tengo un concepto de un espectador activo, que complete lo que no está; me gusta trabajar con textos que generen emoción, que generen actividad en el espectador; me gusta a veces la ambigüedad, no dejar todo servido. Que el espectador pueda completar aquello que no está, pueda vivenciar él mismo, que pueda él vibrar con lo que ve y de ahí construir. De hecho, el pensamiento que yo tengo en relación a la teatralidad es desde un lugar de escasez. Primero, porque nunca tenemos un mango. Después, porque es imposible competir con el cine, con la televisión. El teatro, en ese sentido, es mucho más pobre. Lo peor que se puede hacer es tratar de ponerse a la altura de aquéllos, y construir grandes escenografías, cosas que terminan siendo una artificiosidad importante, incluso que no sirve para nada. Para nosotros es imposible crear una playa en el escenario o un cielo descubierto, esas cosas son imposibles y todo lo que uno intente imitar va a ser espantoso.

En ese sentido, apuesto en general casi a la nada. Pero si tenés buenas actuaciones, tenés un buen texto, el espectador trabaja y pone lo que no está, desde su cabeza. Yo trabajo para ese espectador.

Gustavo: *Ese espectador, ¿está contextualizado a Buenos Aires o es más amplio? No sé si hacés muchas giras...*

Gabriela: No, generalmente no está contextualizado. De hecho adapté *Nocturno hindú*, de Antonio Tabucchi, que es una *nouvelle* que transcurre en la India. Después adapté *Intimidad*, de Hanif Kureishi, que es una novela, un monólogo interno de un tipo que está separándose, está viviendo un proceso de separación. Ni siquiera te diría que lo ubiqué en Londres. Lo que sí ubiqué en la India fue *Nocturno hindú*. Me decía cómo hago para hacer toda una investigación enorme sobre la India, porque él hace todo un recorrido sobre el sur, es maravillosa la novela. Eso era imposible. Opté entonces por un escenario vacío con treinta sillas desvencijadas. Y eso da un aspecto de deterioro, pobreza y superpoblación, porque además éramos tres actores. Me preguntaba cómo hacíamos para generar una superpoblación. Es más, Tabucchi la vio y dijo "eso está construido". Después hice la adaptación de *Terapia*, de David Lodge, otro escritor típicamente inglés y se terminó situando en una cosa más porteña, pero no es que yo me propuse ir a la Avenida Corrientes. No. Lo que hago es sacar la esencia de la psicología de la novela. La última adaptación que hice fue *La música del azar*, de Paul Auster. Y él hace todo un recorrido por las rutas norteamericanas, va con el auto, y yo en ningún momento hago mención a eso, pero tampoco digo vamos por la Panamericana. No hago eso.

Lola: *Pero respecto a eso que te preguntaba Gustavo, a si tienes un espectador en tu cabeza; ¿tienes un espectador argentino, bonaerense...?*

Gabriela: No. De hecho yo he trabajado muchísimo en España, en Barcelona...

Gustavo: *Alguna de tus obras estrenadas aquí en Buenos Aires, ¿se ven en otros países?*

Gabriela: Todas mis obras se ven en Barcelona y se respiran de la misma forma que aquí. Porque en general yo trabajo sobre la psicología de la persona, y me parece que es igual en todos lados. Bueno, no conozco en otros lados, pero dentro de los países más parecidos a nosotros, me parece que las psiquis de las personas son parecidas.

Gustavo: *¿Te es más fácil o más difícil dirigir un texto tuyo, aunque sea una adaptación, que el texto de otro?*

Gabriela: Nunca dirigí el texto de otro. Siempre hice o adaptaciones o escribí mis propias obras; es más, cuando dirigí *El último encuentro* de Sándor Márai, que es una novela maravillosa, que me la trajo Duilio Marzio (ahí dirigí a Dulio Marzio, Hilda Bernard y Fernando Heredia y fue una experiencia maravillosa). Duilio me llamó y me dijo que quería que yo dirigiera esto (fue la última que él hizo, porque después falleció). Yo había leído la novela hacía algunos años. Duilio había comprado los derechos en la versión de Christopher Hampton. Le dije que me la dejara leer, la leí y, con todo respeto a Christopher Hampton—que es uno de los guionistas más geniales que hay en el cine—para mí era muy rara su adaptación, larguísima. Tras que *El último encuentro* es una novela muy narrativa, muy discursiva, le dije a Duilio que me parecía que nos iba a ir muy mal con esa adaptación. Me dijo: "¿La podés hacer vos?" Pero yo no podía por derechos. Y dije: "Bueno, la hago yo y que figure Christopher Hampton". Hice una versión de la mitad de hojas de la de Hampton. La versión de Hampton se estrenó en Londres con Jeremy Irons y fue un fracaso. Yo me había imaginado que con esa longitud era imposible. Siempre digo que a veces la carencia te mata o te recrea. Acá lo bueno de todo el aprendizaje que yo saqué de mi país, con todas las penurias económicas y los otros desastres que vamos pasando, a mí me dio un poder de arreglármelas sin nada y de síntesis, que es el beneficio de la pobreza de alguna manera. El exceso mata el teatro, para mí lo aniquila. Hice entonces esa versión, figurando Christopher Hampton, haciendo toda una mentira frente a Argentores. De hecho los periodistas, cuando vieron el espectáculo, directamente decían: "es la adaptación de Gabriela Izcovich". Ya me conocen. Y el público aquí aceptó mi versión, aunque el público londinense rechazó la de Hampton. Trabajo para un espectador al que, en general, trato de ayudarlo en el sentido, no de explicar nada, sino de que no padezca, porque el teatro es muy aburrido cuando es malo; cuando el teatro es malo, es terrible. A mí me tienen que matar para llevarme al teatro. Tiene que ser algo de un amigo que quiera mucho o de algo que ya viene bien comentado. Si al teatro encima le generás una artificiosidad, es peor. Imagino, entonces, un espectador que pueda disfrutar en un corto tiempo, identificarse, pasarla bien.

Gustavo: *¿Cómo seleccionas el elenco para tus proyectos?*

Gabriela: Salvo casos en los que trabajé más comercialmente, como el caso de El Paseo de La Plaza, en una adaptación que hice de *Aráoz y la verdad*, de Eduardo Sacheri; la iba a ser como la hago siempre sin plata, pero un día me lo encontré a [Diego] Peretti caminando por la calle, habíamos hecho juntos una película y hablamos sobre esta adaptación que yo estaba haciendo. El Complejo La Plaza se interesó, entonces ellos eligieron a [Luis] Brandoni, que era el co-protagonista. Salvo a Peretti, que lo elegí un poco yo, ellos eligieron a los actores. Te hablo de los espectáculos más "comerciales" (enfatizo las comillas). Después hice la adaptación de una novela que a mí me había gustado mucho, *Más liviano que el aire*, del escritor argentino Federico Jeanmaire; ahí yo busqué especialmente una actriz comercial para poder darle al proyecto un cause más comercial. Trabajé con Betiana Blum y lo hicimos en el Teatro Regina. Era con un fin más económico: ¿cómo hago para ganar plata haciendo lo que me gusta? Pero poder darle un salto más que el teatro alternativo. Es un texto, entonces, adaptado por mí, con una gran actriz, como ocurrió con el caso de Peretti y Brandoni, grandes actores, pero siempre siguiendo una línea ética, que tiene que ver con textos que elijo yo. Y allí agrego el caso de Duilio Marzio; es el tercer trabajo más comercial, con un texto maravilloso. En los casos de los espectáculos alternativos, nunca busco nombres. Fabián Arenillas, con quien estoy trabajando ahora, tiene un nombre, pero busco, en general, actores que sean fundamentalmente buenas personas, porque si no es muy difícil sacar un proyecto adelante. Que tengan pasión, que sean buenos actores, inteligentes, que terminen queriendo el espectáculo como si fuera propio. Es la única manera de sacarlo adelante en el teatro alternativo.

Gustavo: *Cuando trabajás en el teatro alternativo, ¿te ponés una fecha de estreno?*

Gabriela: Sí.

Gustavo: *¿Trabajás en cooperativa?*

Gabriela: Lo primero que hago es poner una fecha de estreno, buscar una sala, porque eso te ordena, si no empezás a dilatar. Eso te pone un límite, te organiza, te apura. Ensayo siempre en mi escuela; tengo una escuela preciosa en Colegiales, es un lugar mío, propio. Ensayo ahí y después me paso a la sala. Trabajé muchísimos años en La Carbonera, que ahora está en venta, pero todavía tengo las llaves. Yo era como la directora y actriz fetiche de sus dueños; hice todo ahí, casi todo. Los ciclos se terminan y eso no está mal, porque te abre a otros lados. Me gusta trabajar en el circuito alternativo.

Lola: *¿Cuál sería la relación que ves entre proceso, ensayo, la dramaturgia y la dramaturgia después del estreno?*

Gabriela: A mí lo que me gusta de la primera etapa de la escritura, de la dramaturgia, es la soledad. Allí trabajo sola, tranquila, en mi casa.

Lola: *¿Y una vez que comienza el proceso de ensayos?*

Gabriela: Ahí empezás ya a conectarte con las personas; empieza un intercambio, empezás a ver el cuerpo en vivo, empiezan los problemas también.

Lola: *¿Modificas la dramaturgia en esa instancia?*

Gabriela: Sí, con los actores, sí, porque—como dije antes—ya la expresión de ellos modifica lo que escribiste. A veces vos escribís palabra y de pronto el actor tiene un gesto que reemplaza todo eso y no hace falta la palabra. Muchas veces me pasa eso.

Lola: *¿Y después del estreno sigues modificando?*

Gabriela: Sí, porque la energía que genera actuar con la gente es distinta. También los actores nos ponemos de otra forma. Vamos viendo qué es lo que produce mejor efecto; a veces son mínimas las modificaciones, no hay mucho cambio. No se cambia la estructura ni el tema. A veces son situaciones de diálogo en las que se modifican pequeñas situaciones.

Gustavo: *Cuando estás trabajando en el circuito alternativo, ¿te interesa explorar otro tipo de distribución espacial del público? ¿O prefieres lo frontal del tipo a la italiana?*

Gabriela: Sí. Odio los escenarios, los padezco. A mí me encanta la cercanía del público, me encanta que no haya escenario, que el espectador sienta la respiración del actor, el contacto, donde no haya que hacer ningún gesto de más. Que se trabaje como si hubiera una cámara. Que las mínimas gestualidades se perciban, como en el cine. Estuve haciendo hasta hace muy poquito un unipersonal que se llama *Alma teatral*, que escribí y en el que actuaba yo; era una mujer quien, una vez que conoce al amor de su vida, abandona el teatro. Después muere su marido y ella recupera la teatralidad en el living de su casa, evocando a su marido y contándole a la gente toda su historia de amor. Eso se hacía en La Carbonera, solo para 15 personas. La gente entraba a mi living y yo mientras tanto cocinaba un postre de manzana que después se los servía al final del espectáculo. Ese tipo de actuación la disfruto enormemente, porque el espectador lloraba conmigo, hubo casos en que me hablaban; tenía a veces que poner como un límite, porque después no sabía cómo volver al texto. Pasaba eso. La diferencia entre la ficción y la realidad se mezcla. Para mí ése es el punto más logrado de la teatralidad. Te das cuenta que voy en el sentido totalmente opuesto a la declamación, a la artificiosidad, a todo eso. A los espacios pequeños los adoro para hacer teatro.

Lola: *¿Cambiaste alguna vez una obra de espacio? ¿Influyó ese cambio?*

Gabriela: Sí. Muchas obras, porque cuando viajo, cambia. Cambio también de sala incluso aquí en Buenos Aires. No sé si cambia mucho la obra; mis puestas son muy sencillas. Las mise-en-scènes que yo hago son muy sencillas y se adaptan rápidamente a las modificaciones. Trabajo mucho en la ciudad de Azul; soy la curadora del Festival Cervantino; voy todos los meses y trabajo, tengo 40 alumnos ahí. Durante el mes que no estamos juntos, ellos van escribiendo ejercicios de dramaturgia que yo les voy dando; también tenemos Facebook cerrado y vamos corrigiéndonos. El año pasado hicimos con ellos un trabajo en el Festival, que era una estación de tren, la de Azul; es viejísima, todavía está la sala de caballeros, sala de damas. Terminó siendo un espectáculo que se tituló *Un tren llamado Deseo*, en vez de *Un tranvía llamado Deseo*. Decidimos hacerlo en la estación. ¡Había tanta gente, era una noche de luna llena, parecía que estaba puesta la escenografía para nosotros! Había tanta gente que muchos cruzaban las vías y tenían que mirar desde el andén de enfrente. Hice poner unas luces teatrales y ya está. Ya estaba armada la escenografía con la naturaleza, con lo real. Uno puede hacer teatro en cualquier lado.

Lola: *Como mujer, ¿sientes que has irrumpido en el campo teatral, has sentido como introduciéndote en algo que, hasta cierto momento, estuvo vedado?*

Gabriela: A mí por suerte ese trabajo no me tocó. Le tocó a Virginia Woolf, les tocó a otros. A la Gambaro acá. Por suerte, llegué ya en una etapa en que todo ese trabajo lo hicieron otras.

Lola: *¿No has sentido eso en tu experiencia?*

Gabriela: No tiene que ver con la época, tiene que ver con la persona. No quiero dar nombres. Trabajando comercialmente en un lugar donde me dije, "esto es para hombres", acá solo para hombres.

Lola: *¿Por qué?*

Gabriela: Es por locura del productor.

Lola: *Me refiero a qué sentías como para decirte "esto es para hombres"*

Gabriela: Porque la palabra mía en la dirección estaba siempre puesta en duda, desconfianza. Después me di cuenta, observando un poco, que ahí las mujeres que trabajaban son las acomodadoras, las secretarias de los productores y creativamente no había ninguna. Por ahí puede ser que hagan dramaturgias de grandes y exitosas norteamericanas. Pero tiene más que ver con las personas que con la época; me parece que hoy en día eso ya está superado. Yo me siento bien.

Lola: *Pero existen todavía lugares en donde eso sucede.*

Gabriela: Ahí y en millones de lados. El otro día estaba en la marcha por Una Menos, yo estaba en Azul, estaba en la plaza, completamente llena, y un señor que no podía pasar con el auto, decía: "después se quejan por la violencia".

Lola: *Querría matarlas a todas...*

Gabriela: Atropellarlas (*Risas.*) Imbéciles hay en todos lados y los va a haber en todas las épocas. Contra eso no se puede.

Gustavo: *Ahora, cuando estás dirigiendo, ¿cómo aparece la cuestión de género sexual? Me refiero a la relación con los actores: ¿te es más fácil o más difícil dirigir mujeres que a hombres?*

Gabriela: No, me da igual. Hice un espectáculo mío que se llamaba *Bocas de registro*, que lo hice hace dos años, eran todas mujeres albañiles, eran todas actrices deliciosas. Nos divertimos como locas. Ahora estoy trabajando con Fabián Arenillas y la paso bomba. La diferencia de género no es un problema para mí. No me siento más cómoda con uno que con otro género.

Lola: *¿Tampoco te impacta en la dirección?*

Gabriela: No. La experiencia más reflexiva que yo tuve en relación a la dirección fue no por género sino por edad. Cuando dirigí a Duilio Marzio, a Hilda Bernard y a Fernando Heredia, que fue maravillosa esa experiencia para mí, pensé mucho en relación a los cuerpos, porque ellos sentían cantidad de cosas pero el cuerpo no llegaba. Ahí pensé: "la emoción no envejece nunca, pero el estuche sí". Eso me hizo pensar mucho en relación a la expresión, a cómo los cuerpos llegan de otra forma. No fue por género sino por edad.

Lola: *Dentro del panorama argentino, ¿te ubicas más dentro de cierta tendencia de dirección, de actuación?*

Gabriela: Sí, me ubico en una tendencia más naturalista, que se parezca lo más posible a la vida, por más que uno toque temáticas muy diversas. Me veo más en un registro natural. Me gusta mucho el teatro en Buenos Aires, sobre todo el teatro alternativo, no consumo teatro comercial, no me gusta. Me identifico cuando voy a ver aquellas cosas donde uno está prácticamente metido adentro, donde a veces uno duda si está actuando o es real, donde la realidad y la ficción se mezclan.

Gustavo: *A nivel de actuación, ¿hay algún método de actuación que facilita tu trabajo como directora?*

Gabriela: Soy egresada del conservatorio, que se llamaba Escuela Nacional de Arte Dramático, ahora es el IUNA,[1] y yo transitaba ahí diversas técnicas en el campo de la actuación. Después hice todo un tránsito con Carlos Gandolfo, que para mí fue muy interesante, era una técnica muy específica. Después me fui a estudiar con Bartís, que estuve muchos años haciendo un trabajo de entrenamiento, no era tanto de estudio; en ese momento yo ya tenía bastante experiencia. Bartís desestructura todo y eso está muy bueno. Cuando vos venís con una formación, está muy bueno ir a lo de Bartís. Si vos no tenés ningún tipo de formación, puede ser caótico y te confunde. Pero a mí me vino bárbaro porque me abrió la cabeza desde el punto de vista del concepto de la teatralidad. No tanto de la actuación en sí. Lo que inculco a mis alumnos es esto: que las cosas que se actúan sean verdaderas. Que haya un tránsito verdadero. Creo que las técnicas son buenas y descreo de todas, porque

---

[1] El IUNA, Instituto Universitario Nacional de Arte, fue convertido recientemente en UNA, Universidad Nacional de las Artes.

me parece que uno no puede trabajar siguiendo una técnica, porque es limitar el trabajo. Eso me aparece en la actuación, en la escritura... La actividad artística no se puede enseñar, salvo un instrumento, como el piano; pero ni pintar, ni escribir, ni actuar se puede enseñar. Uno lo que puede hacer es motivar al alumno e ir guiándolo. No hay recetas, ni se debe ni hay que intentar enseñar eso.

Lola: *¿A quién nombrarías como tu maestro o tus maestros?*

Gabriela: Para mí Carlos Gandolfo fue un maestro, por más que él trabajaba con una técnica de actuación muy específica, la del Actors Studio. Tenía un profesor que quería mucho en el Conservatorio, que se llama Néstor Romero, que fue importantísimo para mí. Te diría que ellos fueron los dos maestros. Y Bartís fue muy importante en toda la etapa posterior porque fue el que me abrió la cabeza, el que me permitió ser impune, me enseñó que podés hacer lo que quieras con el teatro y donde quieras.

Gustavo: *A nivel de directores nacionales e internacionales, ¿quiénes te han impactado? No hablo de influencias, sino de impacto, porque podría ser que nada de ellos haya en tu teatro.*

Gabriela: A mí me impactan mucho a veces las cosas que veo acá en los teatros alternativos. Me impactan mucho y muy bien; son pequeños espectáculos. El otro día vi uno de Agustín Pruzzo, que es un actor que trabajó conmigo, en una salita chiquita y me encantó. También vi recientemente lo de Walter Jakob en Timbre 4, lo que hace con Agustín Mendilaharzu y también me gustó mucho. Son amigos míos. Hay dos trabajos que vi en el exterior que me impactaron mucho y muy bien: uno fue en París, la hija de Peter Brook, Irina Brook, hacía *Une bête sur la lune*, era de un dramaturgo norteamericano de origen armenio llamado Richard Kalinoski. Era sobre la matanza de los armenios por los turcos. Y ella hizo eso en el Théâtre de l'Oeuvre, que estaba muy en las afueras de París, y me impactó muchísimo, era la nada; me identifiqué mucho porque era como trabajo yo, y contaba simplemente sobre una familia destruida por los turcos y terminaba con un monólogo de un actor francés, pero de claro origen armenio por su gestualidad y fisonomía, que se sentaba en una silla en medio del escenario y contaba que la mamá estaba en la terraza colgando la ropa y cómo la mataron. Al principio empezaba muy tranquilo, después terminaba llorando un poquito, pero su gestualidad era... ¡pensé que me iba a morir de la angustia! No había nada que empujar, el tránsito estaba ahí. Otra cosa que me gustó mucho fue cuando fui a ver a Peter Brook a su teatro, en París también; dirigía una adaptación que él mismo había hecho sobre las cartas de Chéjov a su novia, que era la actriz de Stanislavski. Era muy simple también, con dos actorazos. Me impactó entrar al teatro de Peter Brook, porque uno lee los libros y todo eso; entré, ese lugar con esas gradas, que podría haber sido perfectamente una de nuestras salas y no había mucha gente, como nos pasa a nosotros, y él, de pronto, vino y se sentó al lado mío y vio todo el espectáculo, tomaba notas, tal como hago yo cuando dirijo y no actúo. Me impactó mucho eso y también el espectáculo.

Gustavo: *¿Cuáles son para vos las mayores dificultades al momento de dirigir? ¿Qué es lo que más obstaculiza tu tarea?*

Gabriela: Depende de cada espectáculo. A veces tenés que lidiar con gente difícil; en general, en eso yo ya estoy más inteligente en la elección. A veces tenés personalidades complicadas. Me pasó muy poco, porque en eso soy muy astuta. Los obstáculos tienen que ver a veces más con la postproducción: que venga gente, todo eso que nos pasa a todos. Hay momentos, obviamente, en que hay una angustia creativa, que uno se pregunta si será bueno esto que estoy haciendo o si será una porquería; hay dudas existenciales ahí. Esos son los momentos complicados: la duda misma mía y después la postproducción, de que el espectáculo tenga gente.

Gustavo: *¿Hay algún género que te interese más? ¿El drama, la tragedia, la comedia...?*

Gabriela: A mí me gustan mucho las situaciones de la vida que son a veces un poco tristes y dolorosas pero que están vistas desde un lugar de humor. Un poco como Woody Allen: hay un registro de algo muy doloroso, pero que si uno lo mira con un poco de humor, todo se aliviana. Eso lo trabajo muchísimo en los espectáculos.

Lola: *Mencionaste varias veces el cine. ¿Hay algunas artes que influyen más en tu trabajo como directora?*

Gabriela: A la música le doy mucha importancia en mis espectáculos; generalmente son músicas muy lindas. Además tengo dos hijos músicos y uno de ellos hace siempre las composiciones para la obra. La parte plástica también es importante para mí; no me refiero a la pintura sino a la iluminación y la música, cómo complementan el hecho artístico, la belleza visual.

Lola: *¿Y el cine?*

Gabriela: Del cine a mí me gusta mucho el hecho de que si vos levantás una ceja es muchísimo. Y eso trasladado al campo teatral me interesa mucho, que también se actúe de la misma manera como si hubiera una cámara haciendo primeros planos. Porque entonces no se hace nada de más, hay más seguridad. En la vida, si llorás por algo, llorás lo justo y lo necesario, no llorás demás. En el teatro es lo mismo. A mí me interesa pensarlo desde ese lugar. Eso lo tomo un poco del cine.

Lola: *¿Utilizas algunos soportes tecnológicos, de tipo audiovisual?*

Gabriela: No, nada, es muy raro. Con *Alma teatral* usaba unas proyecciones al final, pero de fotos mías del pasado sobre teatro. Me distancia. Me encantan las instalaciones, cuando voy a los museos de arte moderno y veo las instalaciones. Hay algo ahí que me atrapa teatralmente, pero cuando veo la mezcla en el teatro de eso, me distancia; cuando voy a ver una obra de teatro y de pronto hay un video, me distancio.

Gustavo: *En los proyectos en que trabajas con productor, ¿cuáles son tus exigencias?*

Gabriela: Cuando trabajo en proyectos de teatro alternativo, la productora soy yo. Llevo cosas de casa, empiezo a desvalijar mi casa; y después voy tratando de ver la forma en que se pueda lograr algo de dinero para los actores. Los actores pierden dinero, porque vienen a ensayar horas y horas; yo no le pago a ningún actor. En el momento de la repartija de los ingresos que pudiera haber, si los hubiera, todos cobramos en partes iguales, por más que yo haya actuado, dirigido y escrito. Yo nunca recupero primero nada; se va cobrando en partes iguales. Lo mismo con el asistente. Eso hace que haya un lugar de pertenencia en todos por igual.

Gustavo: *¿Qué tareas le asignas a tu asistente?*

Gabriela: Está todo el tiempo al lado mío. Me resuelve cosas que tienen que ver con la producción ejecutiva. Depende de la persona con la que estoy trabajando, le doy más crédito en lo artístico o no. No lo digo peyorativamente: hay asistentes que son buenísimos para resolverte cosas prácticas, que es lo que yo necesito. Para la visión más artística, por lo general no los necesito porque me baso más en mi propia visión y en la de los actores con los que estoy trabajando, a quienes escucho muchísimo. No pongo ahí el énfasis en el asistente de dirección, para nada. Que me resuelva las cosas prácticas es lo que espero que haga.

Gustavo: *¿Cuándo entran los técnicos o los creativos? ¿En qué momento del proceso entra el iluminador, el vestuarista, el maquillador...?*

Gabriela: Vienen a ensayos desde el vamos. No a todos, por supuesto. Ven un primer proceso, después un segundo y también ya al final. Y se van con las cosas muy claras para ya después trabajar en la sala. Todo el mundo trabaja en equipos desde el principio.

Gustavo: *¿Les comunicas a tus actores todos tus objetivos desde el principio o prefieres que los vayan adivinando de a poco?*

Gabriela: Todo desde el vamos. Soy muy clara; generalmente tengo muy claro previamente lo que quiero. Soy sumamente organizada, muy pragmática en ese sentido. Lo que quiero al principio se logra.

Lola: *Y cuando dices "lo que quiero", ¿qué incluye ese "lo que quiero"?*

Gabriela: Lo que quiero es trabajar con profesionalidad, con responsabilidad...

Lola: *Pero respecto a las obras concretas, ¿cuánta información le das?*

Gabriela: Todo, porque ya sé antes lo que quiero. Como en general escribo yo, yo ya sé cómo me lo imagino. En las primeras lecturas que hacemos, esto me lo imagino así o de otro modo y soy muy clara al momento de transmitir. Porque como también actúo, para el actor es fácil trabajar conmigo. Estoy muy cerca de él todo el tiempo. Si no actúo, mucho más. Tengo una claridad muy grande en la transmisión de la dirección al actor, porque actúo, porque sé de qué se trata.

Gustavo: *¿Hay alguna cualidad que esos actores tienen que tener sin la cual vos no podrías trabajar con ellos?*

Gabriela: Sí, ser buenas personas. Eso es fundamental para este tipo de proyectos. Inclusive hasta comercialmente, a esta altura de mi vida, ya tampoco me bancaría a un loco, aunque me pagaran un fangote de guita. Uno llega a una altura de la vida en la que hay cosas con las que ya no puede lidiar.

Gustavo: *La crítica, académica o periodística, ¿te interesa leerla, afecta o impacta tus producciones posteriores?*

Gabriela: A mí las críticas no me interesan nada y, en general—y voy a decir una generalidad que es una barbaridad—me parecen muy idiotas.

Lola: *¿Hablas de los críticos a nivel periodístico? ¿O académicos también?*

Gabriela: No sé si hay crítica académica aquí. Hablo de los críticos de teatro, de cine. Ahora pasa que viene un periodista de veintipico de años, que los toma el diario. ¿Qué es esto?

¡Todo a pulmón!

Gustavo: *A veces lo mandan a ser una nota a Boca Juniors y otras a entrevistar a un director de teatro. Para ellos, da igual.*

Gabriela: Antes estaba en Deportes y como se quedan truchos en música, lo mandan a escuchar a Barenboim. Los cambian. Pero también ha habido periodistas académicos que a mí tampoco me han interesado en lo más mínimo. Para mí, ¿cuál es el rol del crítico? Para mí es que informe sobre lo que se va a ir a ver—que vea el espectáculo—, que informe sobre su estética, que informe sobre la historia, pero que no haga juicios de valor. Eso no se debe hacer, no se debe opinar.

Lola: *¿Ves mucho eso en la crítica periodística argentina?*

Gabriela: Sí, me parece que son unos idiotas. No me los aguanto. Me parece que deben ver el espectáculo y luego describirlo. Ahora bien, hay gente que a mí me gusta; el otro día vino Carlos Ulanovsky a ver *Estás igual*, es un periodista que respeto, y lo respeto porque es un tipo inteligente, va en el sentido que estoy diciendo. En *Alma teatral* había varios momentos que le dedicaba a eso; vinieron críticos a verme. Y yo contaba un diálogo con un crítico ficticio, que nunca tuve, me encontraba con él y le decía "vos hace veintipico de años viste a un espectáculo nuestro, que nosotros hacíamos a pulmón y que nos llevó muchísimo esfuerzo, y pusiste un título que era 'una obra débil con una estructura rara'". Lo inventé yo el título. Le decía en la obra: "Vos nos destruiste, sobre todo psicológicamente, porque nos hiciste un daño espantoso, porque los actores somos seres muy vulnerables y generás dentro del grupo una cosa irremontable. Vos no te debés acordar de esto, porque lo debés haber escrito en media hora, te habrás olvidado del momento en que lo hiciste, pero nosotros nos acordamos todavía del espectáculo y de tu crítica". Estas cosas son dañinas. Lo mismo cuando dicen "espectáculo muy bueno, sobresale la actuación de…", y los actores luego tienen que compartir el escenario con esa carga. Los actores son seres muy vulnerables.

Gustavo: *Hablabas antes de la postproducción. ¿Te involucrás mucho en la promoción del espectáculo o delegás todo eso en otra persona? ¿Cómo organizás la difusión?*

Gabriela: Como pasa en todos los circuitos alternativos, los espectáculos los movemos los mismos integrantes. Ahora fundamentalmente a través de Facebook, ya ni siquiera los diarios. Y también Alternativa Teatral, que es algo que se generó y que es extraordinaria.

Lola: *Es una maravilla. Mejor que toda la prensa.*

Gabriela: La prensa ya no, hoy es Internet.

Lola: *¿Hay alguna pregunta que siempre quisiste que te hicieran como directora y nunca te la hicieron? ¿Algo que quisieras hablar pero nunca te dieron la oportunidad de hacerlo?*

Gabriela: No, no sé si me pasó eso. Podría estar bueno que me preguntaran—y no sabría qué responder—por qué hago teatro. Esa sería la pregunta que me haría pensar. Y por qué insisto en esta actividad, que es tan cansadora y a veces, por momentos, ingrata. No me toca que sea ingrata, porque en general mis espectáculos gustan, pero sí es muy ardua. Contestaría tratando de pensar cómo sería mi vida sin el teatro. Creo que no sería nada, o muy poco. Sería, porque tengo mis hijos maravillosos y todo el circuito de mi gente, pero no sería lo mismo. Para mí hacer teatro es como respirar. Por qué empecé con esto, qué necesidad extra tuve yo para hacer esto que la vida ya de por sí no me lo daba, es lo que no sé. Evidentemente ahí hay algo, una necesidad de expresión de algo, como que la vida en sí no alcanzara. Fijate que cuando uno hace teatro hace ficción sobre lo que ya está hecho; ya tenemos la vida, que es bastante, ¿por qué encima hacer otra? Evidentemente debe ir por ahí la cosa.

Lola: *Gracias, Gabriela.*

Gustavo: *Muchas gracias por acercarte y brindarnos la entrevista.*

CELINA ROZENWURCEL

Entrevista realizada el 8 de junio de 2015[2]

Gustavo: *La primera pregunta, así como marco más general, es qué es dirigir para vos.*

Celina: Buena pregunta. ¿Qué es dirigir? Lo que dirigí son obras que escribí yo, entonces ya desde la escritura estoy pensando en la puesta. Por eso para mí dirigir es llevar lo más fielmente posible ese texto a la práctica, con todos los imponderables, todas las dificultades y todo lo imposible también que es eso. Obviamente una escribe, en su cabeza imagina diálogos, imagina puertas, imagina lámparas, imagina un montón de cosas que después no están o hay que arreglárselas de otra manera, y obviamente ése es el desafío y la gracia de hacer teatro. Además están los actores, que son ese elemento tan hermoso; yo también soy actriz, así que me incluyo, que somos complicados para aprender los textos, para respetarlos, para escuchar. También eso es ser director; creo que es como aprender a hablar distintos idiomas, que los vas aprendiendo a la fuerza, porque en realidad existe un idioma por cada rubro que tenés que encarar. Acá, uno de los fenómenos de este momento es obras escritas y dirigidas por los mismos autores, además de producidas, y la prensa y todo lo demás. Dirigir para mí es tener la capacidad de desarrollar varios lenguajes, no solo el escrito y no solo con los actores. Con cada uno de los actores es un lenguaje distinto, con el escenógrafo es otro lenguaje. Como en todas las áreas, las dificultades te hacen sacar cosas que no tenías en práctica. Acá en Buenos Aires el teatro es muy a pulmón; eso no quiere decir que sea menos profesional. Es que básicamente no hay dinero. Poder ingeniárselas en esa situación es uno de los desafíos, lo que te hace aprender un montón, te hace hace crecer y tener una cantidad de

---

[2] Lola no pudo estar presente durante la realización de esta entrevista.

herramientas en tanto te quieras involucrar. Hay directores que arman un equipo técnico muy bueno en el cual confían y delegan muchísimo; yo soy una metida total, me interesa saber de las luces, qué tipo de filtros, de todo. De chusma, pero también de saber que son herramientas con las cuales voy a poder desarrollar otro tipo de escritura. Si ya sé cómo crear técnicamente un clima 'x', ya desde la escritura lo voy a poder plantear de esa manera. Todo esto apuntando a que el texto esté lo más cerrado posible para que pueda ser lo menos modificado posible (*Risas.*)

Gustavo: *Dos preguntas. La primera es por qué, para vos, a pesar de todos estos obstáculos y todos estos desafíos, te interesa meterte en el teatro. ¿Por qué lo hacés?*

Celina: ¿Podés hacerme la otra pregunta?

Gustavo: *La otra pregunta tiene que ver con eso que dijiste del "texto cerrado". Pareciera que ese texto se modifica durante el proceso de los ensayos por la presencia misma de los actores y los creativos o técnicos. Pero después del estreno, una vez que aparece el público, ¿se sigue modificando? ¿Hacés cambios, reescribís?*

Celina: Sí. Te respondo la primera pregunta. La respuesta más sincera es que no lo sé. Puesto de esta manera, uno se pregunta por qué. Es lo que me gusta hacer. Es el lenguaje con el que me siento afín, el arte que me gusta hacer; tal vez—y esto puede ser más controversial—no es el arte que más me gusta ver. Me cuesta bastante; tengo mucha influencia de la literatura y del cine para crear, pero mi lenguaje para escribir y para hacer es el teatro. Cuestiono mucho la manera de hacer teatro acá, cómo estamos un poco enviciados con cosas que no están buenas. Esto que termina sucediendo: que hacemos teatro con poco dinero; nos acostumbramos a endeudarnos y a que, con suerte, nos salgan algunos subsidios y que ese subsidio no cubra, ya para cuando lo cobrás, más que la plata que invertiste en las postales. Ya si lográs recuperar la inversión es un gran logro; ni hablar de ganar algo de plata. Me pongo en un lugar que me lleva a cuestionar eso. Me pregunto cómo se puede hacer de una manera distinta, cómo se puede producir de una manera distinta. El rol del productor en el teatro independiente, que es un rol que ahora se está empezando a recuperar, pero que acarrea ciertos presupuestos. Hay un aspecto del teatro independiente que plantea el presupuesto de que 'ganar plata' o la palabra 'comercial' está mal visto. Me parece que no debería ser así porque es un trabajo y uno quiere, uno aspira a poder trabajar y vivir de eso. En mi caso, toda la vida trabajé de otra cosa, y estudié y escribí pero siempre con ese otro trabajo paralelo. Ahora que el teatro está demandando más—por suerte, porque para mí el teatro es una felicidad—ya sea por venir a una entrevista o porque empiezan a aparecer proyectos nuevos, me está demandando más y también tengo otro trabajo.

Gustavo: *Me imagino que va a llegar el momento en que tendrás que ver cómo arbitrar todo esto. Seguramente todo eso en algún momento se va a orientar hacia un lado.*

Celina: Exacto.

Gustavo: *Eres muy joven.*

Celina: Esas son las cosas que me hacen hacer teatro, porque me gusta, está buenísimo, Buenos Aires es un lugar muy importante, me he formado con gente a la que admiro muchísimo. Es posible aquí estar en contacto con gente que uno admira mucho y eso, para mí que, como te dije, una de las principales influencias es el cine—y me refiero al cine de la época del 50, de Hitchcock, el cine de oro de Hollywood—yo no puedo ni soñar con conocer a esas personas. Aquí sucede que uno puede estar en contacto con esas personas tan talentosas y eso es buenísimo. Creo que realmente se puede empezar a pensar en otra manera de hacer teatro, que se realice de otra manera, de a poco, que se organice y defina más como un campo laboral. Las herramientas no están creadas para lograr eso y es nuestra responsabilidad crearlas. Por eso también hago teatro y me gusta no estar del todo conforme, porque me parece que eso es lo que nos puede no solo llevar a crear cosas nuevas, sino a pensar realmente otra manera de hacer teatro independiente, que no le tenga miedo a ganar plata, que no le tenga miedo a aspirar al éxito, que no esté mal visto.

Gustavo: *¿Y la otra pregunta sobre los cambios de la obra?*

Celina: Todo lo que te dije antes es una premisa que se deshace en el ensayo cero; en la pasada de letra ya te das cuenta que no va a ser exactamente así. Está buenísimo que no sea así. Ese también es el aprendizaje. Soy muy testaruda, dirijo textos que escribo, entonces yo sé lo que me tardó en mi cabeza encontrar esa frase para que el actor piense que está diciendo más o menos lo mismo y yo sepa que no es así. Son cosas que se negocian. Hago mucho hincapié en el texto, en la importancia del texto; trato de encontrar las herramientas para que el actor le encuentre sentido a ese texto tal como está y que no piense que da lo mismo decirlo de una manera o de otra. Ahora bien, lo que ocurre al poner el texto en práctica es que se enriquece. Viene una vestuarista y te tira unas opciones que también enriquecen. Obviamente para eso existe cada área con su profesionalismo y para mí está bueno saber y tener herramientas, pero después llega el iluminador, te hace un diseño que te cambia, te arma un mundo, te recorta y todas estas son cosas que no hacen más que enriquecer la obra. El texto va sufriendo montones de cambios, porque incluso la obra no está terminada porque el teatro es eso hasta que se estrena, hasta que se hace realidad el hecho teatral con el público. Siempre llegamos justo al estreno.

Gustavo: *¿Trabajas con fechas fijas de estreno?*

Celina: No, eso es muy difícil. Acá lo que te da fecha fija de estreno es el teatro comercial o el oficial.

Gustavo: *¿Y cómo hacés con las salas? Aunque ahora estás haciendo* Mecánicas *que no es en una sala teatral.*

Celina: *Mecánicas*,[3] de todas maneas, no es de mi dirección, pero estuve muy involucrada en todo el proceso porque actúo, es mi texto, entonces el ida y vuelta con el director fue muy fluido. Esa es otra de las cuestiones que atañen a otra manera de hacer teatro. No porque sea una militante del teatro en espacios no convencionales. En este caso en particular el taller mecánico le vino muy bien a la obra, pero vino después, porque en el

---

[3] La obra se representa en un taller mecánico que funciona como tal durante la semana.

texto no estaba pensado para hacerse en un taller. No es que por capricho haya que elegir un espacio no convencional. Es difícil conseguir sala. Somos muchos los que hacemos teatro. Esa es otra parte del círculo vicioso de la producción teatral y es que ensayamos mucho tiempo, porque varios estamos a su vez en varios proyectos, los ensayos no son pagos, los horarios disponibles son pocos, se tarda mucho en ensayar una obra, un año fácil; luego te cuesta mucho conseguir una sala, hay mucha demanda. Y todo para que después te hagan luego un primer contrato por ocho funciones. En general, las obras después siguen, pero ocho funciones contra un año de ensayo, ocho funciones en las que las obras nunca van a llegar a ser lo verdaderamente pueden ser. Esa es otra de las cosas que pienso que están viciadas. Al margen de eso, en algún momento, cuando te ponés a ensayar, una fecha límite es necesaria, porque si no realmente nunca sentís que estás para estrenar. En general, una vez que arreglaste con la sala tenés que cumplir. La sala te puede dar un margen de dos semanas más, por ejemplo, por cuestiones técnicas que a lo mejor todavía no pudiste resolver. En el caso de *Mecánicas*, nosotros no teníamos fecha de estreno, porque en ese taller mecánico podíamos estrenar cuando quisiéramos. Y en un momento se empezó a volver muy laxo todo. Podíamos estrenar tranquilamente como no estrenar tranquilamente. Lo tuvimos que imponer.

Gustavo: *En este caso de* Mecánicas *el texto es tuyo, actúas, pero no diriges. ¿Has tenido la experiencia de escribir, actuar y dirigir en el mismo espectáculo?*

Celina: No. Me mata eso. Siempre algunos de los personajes que escribo tiene un poco algo mío y yo me imagino haciéndolo; no siempre, porque he escrito también cosas solo para hombres. Ahora estoy terminando de escribir otra obra y hay un personaje muy similar a mí. La quiero dirigir y en verdad no tengo las herramientas para hacer eso, es decir, actuar y dirigir al mismo tiempo, y más sobre un texto mío.

Gustavo: *¿Cómo seleccionás el elenco? ¿Tenés un grupo o invitás gente diferente para cada proyecto?*

Celina: Invito gente para cada proyecto diferente.

Gustavo: *¿A partir de qué los invitas? ¿Cuáles son los criterios?*

Celina: En mi primera obra, que se llamó *El sueño del tonto*, tuve la suerte de tener personajes grandes y de tener que conseguir actores que no conocía. Comencé a decir que estaba buscando un actor con tal perfil, gente que me fue pasando contexto. No existe hacer casting en el teatro independiente. Si en el teatro independiente hacés casting, te pueden tildar de la peor persona: "¿qué te creés que me vas a hacer un casting?" Algunos te dicen: "estoy haciendo tal obra; vení a verme".

Gustavo: *¿Qué cualidad tienen que tener los actores sin la cual vos no podrías trabajar con ellos?*

Celina: Ser buenos actores (*Risas*.) Bueno, en realidad eso va en el criterio de cada uno, me refiero a qué es una buena o mala actuación. En este caso, que fue para mí paradigmático porque fue mi primera obra, me tocó trabajar con un elenco, con una parte que era más joven, amigos míos que había conocido en talleres de teatro; y otros dos actores que venían de otro palo, más grandes, que no entendían tan fácilmente el código de humor que la obra proponía, entonces fue un trabajo más difícil. A la vez, tomé esa dificultad como un puntapié. Resultó muy placentero trabajar porque me puso en una situación muy nueva, que no me resultara fácil, que tuviera que esforzarme y trabajar mucho para lograr eso, para poder comprender, para lograr los tonos. Y la parte joven que yo pensé que me la iban a sacar de taquito—recontra cancheros, porque ellos también pensaban que la iban a sacar de taquito—no fue así. Además, tener que dirigir amigos, con los que estás más a la par, eso me costó; me costó más la parte joven del elenco, que los actores grandes. En *Mecánicas*, me propuse para actuar, por suerte le gusté al director; propuse a otra de las actrices y Fede [Federico Buso] trajo las otras dos. Se armó un grupo increíble, con mucha química. No sé muy bien cómo responder sobre las cualidades: las cualidades de la escucha, por ejemplo, son cualidades difíciles de encontrar en los actores.

Gustavo: *¿Te es más fácil dirigir a actores o actrices? ¿Has notado una diferencia?*

Celina: Me es más fácil dirigir varones. Las mujeres somos tremendas. No sé si es una cuestión de género, pero me resultó más fácil dirigir a actores. No sé por qué, no me lo había puesto a pensar. Supongo que arma una dinámica distinta. Por más que tengas muy buena onda con las actrices y con los actores, se arma una dinámica distinta. En el caso de *Mecánicas* tenemos todo un equipo técnico masculino: el director, los dos asistentes, el iluminador. Y funciona bárbaro. Hay algo de esa compensación.

Gustavo: *Algo más sobre la cuestión de género. Como dramaturga y como directora, ¿has tenido que entrar en un territorio que fue tradicionalmente masculino? ¿Te costó entrar en este rol, sobre todo el de la dirección? Para glosar a Lola, ¿sientes que estás irrumpiendo en un territorio antes vedado a la mujer?*

Celina: Hoy en día, no, porque hay ya muchos precedentes de mujeres en el teatro, como dramaturgas, directoras, que han allanado el terreno; pienso que la dificultad en el teatro reside en otros aspectos, no en las cuestiones de género. Hay mucha circulación de mujeres y hombres, por lo menos en lo que yo estoy en contacto. La dificultad reside por ser principiante, no por ser mujer.

Gustavo: *Cuando comenzás a escribir un texto o cuando ya te decidís a dirigirlo, a montarlo, ¿tendés a imaginarlo en un formato a la italiana o te interesa explorar otras alternativas de distribución de los espectadores y lo actores?*

Celina: Soy bastante clásica, en cuanto a la mirada sobre la puesta. En *Mecánicas*, aunque es un taller mecánico, el público está sentado frontal; hay un frente, hay una cuarta pared, por más que estamos a una distancia mínima del público. Me imagino eso, por el tipo de narrativa que yo escribo, de relato que yo armo. Me imagino siempre algo más tradicional. Después hay salas en las cuales te tenés que acomodar de otra manera porque, por ejemplo, son salas de teatro independiente con dos frentes. Es un trabajo posterior de adaptación, pero a priori tiendo al formato tradicional.

Gustavo: *¿Hay alguna metodología actoral que facilita tu trabajo como directora?*

Celina: Mi generación, tal vez una generación anterior, nos formamos más o menos con la misma gente: Daulte, Spregelburd, Bartís, Andrea Garrote, Catalán, Nora Moseinco, que es una gran formadora de actores en Buenos Aires, para dar solo unos nombres, entonces hay un cierto código—no sé si decir "común"—que está pre-establecido; el teatro se encargó mucho en estos últimos tiempos de desmitificar un montón de cosas, de des-solemnizar, de trabajar en un lugar más naturalista, en cuanto a ciertas situaciones. No es que necesariamente todas las obras tengan que ser así ni muchísimo menos, pero donde el actor tiene primero un entrenamiento de encontrarse a sí mismo, cuál es su posibilidad, en qué reside su gracia primera. Después uno empieza a incorporar otras herramientas. Me estoy moviendo entonces, no movemos en general en un cierto código; me estoy circunscribiendo mucho a Buenos Aires, no estoy hablando del interior—porque la verdad es que desconozco; es otra de las grandes problemáticas, vos lo hablabas antes de la entrevista en relación a lo extranjero, pero yo lo hablo en relación al interior argentino. Porque no estamos dialogando con otras provincias, entre otros dramaturgos, otras circunstancias. Eso es algo que no está bien. Circunscribiéndome a Buenos Aires, por lo que yo trabajo, uno tiene una cierta idea de dónde puede estar contenido el humor del texto (por más que no sea un texto gracioso), tratar de no trabajar para el público, no depender del público, hacer la menor cantidad de complicidad con el público. Uno de los vicios del principiante es justamente ése: a cancherearla, a relajarse, incluso durante la función, cuando te pasa que el público responde y te ponés a repetir. No trabajar, entonces, desde ese lugar, no especular con nada, ésa me parece una de las grandes herramientas que deberíamos tratar de aplicar todos, en la escritura, en la dirección y en la actuación. No especular con ninguno de los factores, porque además pueden fallar todos. Tratar de lograr una actuación genuina.

Gustavo: *Cuando escribís tus textos o hacés tus montajes, ¿cuál es la estética que más te provoca?*

Celina: El cine es la estética más referenciada.

Gustavo: *Me refiero más que a un arte específico, a una estética. ¿El realismo, el neogrotesco, el naturalismo?*

Celina: En ese sentido, me oriento más a lo realista; realista-naturalista en el texto, en el tono que después busco en las actuaciones, por más que el relato sea complejo o más disparatado, como es el caso de *Mecánicas*, con fuegos artificiales, por decirlo de alguna manera. Me gustan los trabajos de ese estilo naturalista. No termino de sentirme identificada con lo realista, porque el teatro no es real, es toda una mentira y uno tiene que construir un verosímil y que todo sea acorde a ese verosímil. Y el verosímil que yo estoy tratando de crear es siempre más acorde a la realidad, si se quiere. Las actuaciones más opinadas, más solemnes o exageradas, o más compositivas, que tampoco las propongo desde el texto, entonces quedaría como más raro.

Gustavo: *En cuanto a los géneros, ¿tendés más a la tragedia, a la comedia, al drama, al sainete?*

Celina: La comedia y el policial, son mis preferidos. *El sueño del tonto* era una comedia más clásica, por decirlo de alguna manera, con algunos elementos policiales. *Mecánicas* tiene humor, el texto no es una obra puramente cómica, tiene muchísimo drama llevado a un lugar bastante cómico y con una trama un poco policial ahí dando vueltas. Me interesa mucho la intriga, la historia, lo oscuro que pueda aparecer y el humor es un gran catalizador de eso, porque trabajar esos tópicos a través del humor y de actuaciones más naturalistas, resulta más ameno (no sé si es la palabra). La obra que estoy escribiendo ahora es mucho más hiperrealista, en el sentido de realismo real, pero también fue un desafío para mí; una propuesta para mí misma de escribir algo de lo cual no me pudiera evadir de ciertas cuestiones con humor o con la aparición de un personaje raro, sino como limitando a los personajes. Está buenísimo escribirlo. No sé si la obra va a estar buenísima, pero para mí es muy divertido; es un desafío y una experiencia muy frustrante también: no poder caer en los lugares que a mí me quedan cómodos que son estos, como irme más por la comedia.

Gustavo: *Aunque ya me dejaste claro del rol que el cine tiene en tu trabajo, te quiero preguntar si hay otras artes que te influyen.*

Celina: El cine y la literatura, porque siempre me conecté con eso; me gusta mucho el cine clásico, soy muy cinéfila, veo mucho cine en general. Me gustan también las *sitcom*, las series, para mí hay algo del oficio del guionista de las series de televisión. Ni hablar del cine clásico y el oficio del guionista. Estoy leyendo una biografía de Billy Wilder que es enloquecedora, hermosa. Con todas sus gracias y desgracias del cine norteamericano, con sus modelos y lo difícil que era, me resulta fascinante ver esas películas con estructuras tan clásicas, con esos verdaderos actores y autores; esos guiones—aunque no todos—me parecen absolutamente modernos, me encantan. El policial en la literatura, Chandler, Ross MacDonald, soy una gran fanática de Stephen King, esas son mis mayores influencias a nivel estético. A nivel teatral, me pasó hace muchos años, cuando vi *La estupidez*, de Rafael Spregelburd, me impactó. ¿La viste?

Gustavo: No. De Spregelburd vi *La paranoia*, *Accasuso* y *Spam*. Y otra que vi hace mucho en el Festival de Cádiz, pero no recuerdo el título.

Celina: *La estupidez* para mí fue una especie de epifanía teatral porque no sabía que se podía hacer eso en teatro. Cinco actores haciendo cinco personajes cada uno; la utilización del espacio era como cuando apareció *Pulp Fiction* en cine, era chica pero entiendo lo que significó. Venía de hacer talleres de teatro en centros culturales, donde hacíamos Moliere y esas cosas. Algo del teatro que me seguía gustando, sabía que no era por ahí, hasta que vi eso y se me abrió otro mundo. A partir de ahí empecé a estudiar con Andrea Garrote que es una de las actrices de la compañía de Spregelburd. Accedí también a las obras de teatro de Javier Daulte, y entendí que para que una obra estuviera buenísima no tenía que ser escrita con palabras raras ni con didascalias complejísimas, sino que podía ser como si fuera un marciano. Por ahí para el autor eso quería decir un montón, pero tal vez el actor no entiende lo mismo, pero sabe que hay algo extrañado en eso. Esas fueron mis herramientas del teatro.

Gustavo: *¿Cuáles son los directores nacionales o internacionales, no que influenciaron, porque quizás no hay nada en tus espectáculos de ellos, pero que te impactaron?*

Celina: Spregelburd que me sigue impactando y sorprendiendo. Algo que me interesa mucho del teatro, y que ahora lo relaciono con la pregunta, es aquellos directores o dramaturgos que más allá de tener ya un renombre, persisten en la búsqueda, todo el tiempo. No de innovar, no de hacer cosas raras, sino una búsqueda genuina, algo más desde las entrañas. Me gustan las obras en las que veo eso, lo que está sucediendo allí y que no podría ser de otra manera porque hay algo muy propio y muy genuino, por más que no comparta yo eso, que como te dije, soy más de la narrativa clásica. Ves eso y sentís que te golpeó. Me pasa eso con Spregelburd, con Federico León. Trabajé mucho con Walter Jakob, que a su vez trabajaba en conjunto con Agustín Mendilaharzu. Hicieron varias obras, como *Los talentos*, *La edad de oro*, obras con las que les fue muy bien. Trabajé mucho con Walter y compartimos mucho ese criterio estético de narración más clásica. Hace poco fui a ver una que hicieron con un elenco de Timbre 4, el teatro de Tolcachir, el elenco de *El tercer cuerpo*. No sé si la viste.

Gustavo: *Sí, se presentaron en Los Ángeles.*

Celina: Ese elenco les pidió a ellos que les escribieran una obra y los dirigieran. Son escuelas muy distintas de teatro. Tolcachir trabaja algo muy clásico en la actuación y los actores son más formales. Y Walter y Agustín, que venimos de una escuela de actuación en la que te sale todo más orgánicamente, hicieron una obra muy interesante, porque ellos tuvieron que adaptarse a un elenco con otra formación, con otra idea; y los actores tuvieron que adaptarse a un texto distinto, a una dirección distinta. La obra ésa me gustó muchísimo, se llama *Capitán*. Está en cartel ahora. Me cuesta impactarme con el teatro, me es más fácil impactarme, pero no en el buen sentido.

Gustavo: *Malimpactarte (Risas.)*

Celina: Uno también empieza a hacer, empieza a ver hilos de cosas, ya no sos un espectador virgen y por eso te cuesta más impactarte.

Gustavo: *El espectador, cuando escribís o dirigís, ¿tienes una cierta imagen, un modelo o perfil de espectador que de alguna manera interviene, que te hace tomar ciertas decisiones en tu proceso de escritura o montaje?*

Celina: ¡Si, el espectador ideal que se ríe de todas las cosas que yo escribo y que le gustan! (*Risas.*) No, hablando en serio, no. Al contrario, creo que cuanto uno menos piensa, puede hacer una obra más amplia. Vuelvo a eso que dije sobre entrar en el terreno de la especulación, y cuando te volvés especulativo, corrés muchos riesgos. Porque es teatro, porque es teatro independiente y en Buenos Aires y tiene todas las variables y no sabés qué puede funcionar y qué no. Entonces te volvés especulativo. Nada te garantiza nada. Si no hacés esto porque estás haciendo algo que vos realmente querés, que es orgánico, te sale esa voz, y aunque uno tiene que entrenar, tiene que poder probar, pero hay algo genuino que uno tiene que tratar de no perder, porque si no entonces perdés en calidad de texto, perdés en calidad de dirección y seguramente también pierdas espectadores. *Sueño del tonto* estuvo poquito tiempo en cartel y para mí fue una pena porque era una obra que yo quería mucho. *Mecánicas*, en cambio, ya estamos por el tercer año y han venido espectadores de todas las edades, por suerte. El año pasado vinieron muchos alumnos de la Escuela de Espectadores de Jorge Dubatti, de Mauricio Kohan, de edades que ni a palos hubieran venido a ver la obra, ni se hubieran enterado. Creo que tuvimos un promedio de espectadores adultos muy interesante y la obra funcionaba muy bien; después te decían lo que pensaban. Tiene mil lecturas y es imposible pensar que las vas a poder abarcar todas. Es imposible, es soberbio y poco generoso.

Gustavo: *¿Han movido* Mecánicas *fuera de ese taller, han salido de Buenos Aires? ¿O con alguna de tus otras obras?*

Celina: No y es una de las cosas que más quiero hacer. Con *Mecánicas* está un poco difícil; estamos intentándolo. Si bien es una propuesta que a la gente le interesa mucho, la propuesta es en un taller mecánico. Estamos evaluando la posibilidad de pasar a un teatro en algún momento, como desafío, pero la propuesta la estamos haciendo para hacerla en un taller mecánico y es difícil. Sabemos que interesa pero también sabemos la dificultad que eso implica. A la hora de producir un festival, supongo que no te metés en tantos líos para llevar obras. Estuvimos tratando de hacer muchos contactos en el país, en distintas provincias, con coordinadores culturales del gobierno de Córdoba, de Santa Fe; es una obra que podría funcionar muy bien en otros lugares. Nos gusta hacerla aquí pero también nos gusta salir a mostrarla.

Gustavo: *¿Trabajás con asistente de dirección? ¿Qué tarea le asignás?*

Celina: Sí. Y le asigno todas las tareas. La asistencia de dirección en un teatro independiente es un rol bastante ingrato, porque justamente como no está el rol del productor, es el que debería encargarse de un montón de cosas que se termina encargando el asistente. Para mí la tarea ideal del asistente de dirección es que esté cien por ciento involucrado con el texto, que haya un diálogo hiperfluido con el director y que esté observando, que sea un par de ojos más. Que vaya viendo la letra cuando el director quiere ver algo más global, ya sea estar más pendiente de ciertas continuidades de cosas de los vestuarios o de lo que sea. Me parece que el asistente de dirección tiene que ser una mano derecha del director, tiene que estar tan al tanto de las cosas como el director. Por distintas razones eso es muy difícil: primero, porque el asistente de dirección se termina haciendo cargo de un montón de cosas que no debería, cosas más de producción; segundo, porque es difícil encontrar asistente de dirección. A mí me encantaría laburar con un amigo mío como asistente de dirección; pero mi amigo está dirigiendo su propia obra y no va a venir a ser asistente mío. En *Mecánicas* ahora tenemos un asistente que sí viene del teatro y que le gusta ser asistente de dirección; si no, tenemos otro chico que le copa, que no tiene nada que ver con el teatro, pero que le copa el teatro, le copa venir, operar luces y hacer cosas. En este caso ese diálogo que tendría que ser muy enriquecedor, no se da porque no es muy par.

Gustavo: *¿Cuándo entran los técnicos o creativos? ¿En qué momento del proceso entra el iluminador, el músico, el vestuarista?*

Celina: A mí me sirve tener por lo menos un boceto de escenografía, aunque después no quede ese, pero me parece importante para poder ver la obra, a que esté el espacio vacío; es importante tener una referencia más concreta incluso para los actores. Y lo mismo con los vestuarios, porque es lo que nos convierte en otras personas cuando estamos actuando, disfrazarnos de algo, por más que sea ropa mía pero que estoy llevando para el ensayo. Esas son las cosas con las que necesito contar a priori. Después van cambiando un montón de cosas. Muchas veces pasa eso, que no tenés nada definido y el subsidio se cierra en un mes y pedís bocetos de cosas, aunque resulten medio apócrifas o ideales, y que sabés que después no van a ser así. En base a eso a veces lo incluís para tener más herramientas. La iluminación viene mucho después; es mágico. Es uno de los rubros que menos sé, es la magia del teatro.

Gustavo: *¿Te involucrás, te interesa, la promoción? ¿La delegás?*

Celina: Me interesa especialmente. Soy muy de contactarme directamente con la prensa. Con *Mecánicas* tuvimos unas chicas que nos hicieron prensa. Estuvo bueno en un primer momento porque nos dio una confianza de saber que se puede promocionar el espectáculo. Esa cosa que le pone uno de arengar y poder contactarte, tal vez no es lo más prolijo o lo que más se acostumbra, pero a mí me gusta contactarme con el periodista, al que quiero invitar para que venga a ver la obra, me gusta poder generar ese tipo de contactos. En *Mecánicas*, particularmente, como tenemos las reservas por *mail*, pura y exclusivamente por correo electrónico, se fue armando una dinámica personalizada con la gente que escribe, entonces después nos responden con mucho agradecimiento de haber venido a ver la obra. Se armó una dinámica que está buena, porque hay algo que hizo que funcionara el famoso 'boca en boca' y que la obra caminara. Pese a eso yo sigo igual tratando de contactar con gente, invitar gente de otras áreas, no solo de teatro, para que vengan a ver la obra. Me parece que hay que hacer esos cruces.

Gustavo: *La crítica, periodística o académica, ¿te importa, afecta o impacta tus producciones posteriores?*

Celina: Sí, importar me importa; el que dice que no le importa es medio mentiroso. Eso es así. Un amigo que es productor musical estaba sorprendidísimo cuando el año pasado, a principios de año, salió la crítica de *Mecánicas* en La Nación. Fue como un boom. Fueron meses de afluencia de público. Esa crítica trajo otros periodistas y otras críticas y más público. Estaba, pues, sorprendidísimo del efecto que tenía una crítica de teatro, en el teatro, a diferencia de lo que podía ser en la música, que tal vez la crítica salía después del recital. Entonces ya cuando venía el próximo recital no tenía el efecto que tuvo con *Mecánicas*. Con *El sueño del tonto* tuvo menos recorrido, pero las críticas que salieron fueron muy buenas y lógicamente me importaron, que te gusta que alaben tu trabajo. Con *Mecánicas* salieron notas de todo tipo y análisis y críticas teatrales más profundas. Jorge Dubatti planteó una cosa más ensayística si se quiere, no es la palabra, más de análisis académico. Hubo montones de miradas distintas sobre la obra, que está buenísimo cuando genera más movimiento para que la obra siga circulando y también está bueno de repente leer algo que te parezca que nada que ver, que alguien leyó de esta manera el espectáculo, de una manera que no me hubiera imaginado. Si me lo hubiera imaginado, lo hubiera puesto en el texto y habría terminado en una obra bajalínea y seguramente no le interesaría a nadie. Es mejor, como decíamos antes, tener una obra que tiene la posibilidad de ser generosa en ese sentido y poder brindar algo a la gente, sin que ésta sienta que le estás bajando información.

Gustavo: *Mi última pregunta: ¿hay alguna pregunta que siempre quisiste que te hicieran como directora y nunca te han hecho? ¿O algo que quisieras que te preguntaran?*

Celina: Tengo disponibilidad en agosto para viajar a Los Ángeles (*Risas.*) Esa es una buena pregunta que me podrían hacer: ¿te gustaría viajar con tu obra? ¿Te gustaría que te invitemos a participar de algo en algún lado con todos los gastos pagos? Y mi respuesta sería "sí, claro, tendría que organizarme un poco..." Me haría un poco la difícil, pero terminaría aceptando. (*Risas.*) Eso es un poco en chiste, pero un poco en serio también porque realmente una de las cosas que más anhelo profesionalmente es viajar. Me gusta hacer teatro acá y seguir experimentando acá, pero me encantaría poder viajar y conocer otras maneras de hacer teatro, otra gente, otros lenguajes, y formarme un poco más en eso. Sería una buena pregunta.

Gustavo: *¿Vos te formaste a nivel universitario? Porque en ese caso hay posibilidades.*

Celina: No, me formé siempre de manera independiente, con profesores de teatro, de dramaturgia, de dirección. Tendría que preparar un dossier con muchas cartas de recomendación (*Risas.*)

Gustavo: *Igual podés intentarlo. Hay que presentarse a becas o lo que sea, y no decirse 'no' por adelantado. En tal caso, que el otro te diga que 'no', pero vale el intento. Es mi filosofía. Bueno, Celina, un placer conversar con vos y gracias por darnos la entrevista.*

ANDREA GARROTE

Entrevista realizada el 9 de junio de 2015

Gustavo: *¿Qué es para vos dirigir?*

Andrea: Dirigir es el viaje de un barco hacia su destino. Me divierte mucho dirigir, me encanta. Doy clases de actuación y entonces disfruto mucho dirigiendo como actriz, porque me comunico muy bien con los actores y me gusta probar con ellos. Hay un momento muy feliz, que es como el juego con los muñequitos, que no sólo es espacial, sino también emocional, con los pensamientos y los temas y las reflexiones teatrales que propone la dirección. Cada material te propone meterte con un problema de representación específico, tomar algunas decisiones. Como con la actuación, en la dirección la felicidad también es plena hacia el material, estar en sintonía con lo que uno quiere hacer en ese momento y a lo que adhiere. La pasión por una actividad hace que a veces sea muy diferente, si es un material que te sintoniza o no. Igual el trabajo en sí mismo va a ser que, si no sintonizaste de primera, terminás amándolo igual, defendiéndolo igual, tanto como actriz o como directora. Después dirigir tiene una parte más problemática para mí, que es la parte hacia el afuera de la producción, la de sostener una obra en cartel en Buenos Aires. Y una vez que el trabajo del director terminó, que creo que ocurre después que se ataron las funciones, se padece mucho. Por ejemplo, las funciones de la obra que tengo ahora están saliendo muy bien y como están saliendo muy bien y ya disfruté y ya ratifiqué que están bien, la miro y repito los textos como una loca, pero no tengo nada que hacer, nada que marcar, no tengo ya la cabeza puesta ahí. Entonces me agarra una ansiedad, una inquietud. Les pasa a todos los directores, en algún momento sueltan la obra.

Lola: *¿Comenzaste en la actuación? ¿Cómo fue el paso a la dirección? ¿Hay alguna obra en la que actúas y dirijas?*

Andrea: La primera obra que vos viste, Lola, era escrita, dirigida y actuada por Rafael Spregelburd y por mí. Habíamos ya actuado en escenas y obras breves, hechas por nosotros mismos; tenemos una formación radicalmente distinta, muy al estilo de la formación que se aplica aquí en Buenos Aires, que es "¿vos querés actuar? Entonces producí algo para actuar, producite algo para actuar". Esto pasa muy naturalmente. Lo mismo hago ahora con mis alumnos: acabo de hacer un festival que se llama "Perfecta anarquía", que es que durante nueve sábados tomamos la Casona Iluminada y cada tres sábados cambiaban y eran 18 escenas cada sábado. ¡Calculá la cantidad de actores y de gente en cada sala! En cada cuarto veías algo distinto. Son todos actores que estudiaron conmigo, algunos dramaturgos y directores, muchos son conocidos ahora, y que hacen las escenas con las cuales empezaron hace muchos años. Sigo creciendo en la misma formación. Más allá de que hay otras cosas, obviamente, pero hay algo que permanece, el placer de la producción, del estar haciendo que es imbatible.

Lola: *¿Y cómo fue la decisión de pasar a la dirección?*

Andrea: En la actuación siempre he sido muy convocada, pero en un momento quise retirar un poco esa energía de la actuación para dirigir. La primera obra que dirigí sola fue *La dama o el tigre* y habrá sido dos o tres años después de iniciarme en la actuación. Mientras también había muchas otras cosas, se montaba *La ropa*, de mi autoría. Una obra que me montaron mucho y en un momento pensaba que yo hubiera entendido más cómo montarla. De hecho fui a los ensayos a decir "esto es una comedia, no se olviden, no es un drama". Para mí era investigar. Y también las primeras obras un poco siguen siendo así, es investigar la escritura particular de uno. En general, eso viene unido; uno dirige aquel material que quiere escribir o tiene escrito algo que uno quiere dirigir.

Gustavo: *Cuando te ha tocado actuar y dirigir, ¿eso te cuesta más que sólo dirigir o sólo actuar?*

Andrea: *Niños del limbo* la escribí, la actué y la dirigí. Y mi estrategia, como mi personaje era bastante protagonista—era una profesora de un taller literario que tenía que entrar y salir porque era una comedia de puertas—fue que una alumna mía, como parte de entrenamiento, estudió el papel. Yo la dirigí a ella, dirigí la obra con ella. Porque además, como yo a mitad de año me iba a ir de gira, entonces en ese tiempo ella me reemplazaba. La experiencia de dirección fue muy buena, pero latía algo que era que se venía la fecha del estreno y yo tenía que sacar a esa actriz y meterme. A la vez me daba no sé qué hacer eso, pero ella era amorosa y no hubo problemas. Era lo que yo quería hacer, era el trato que teníamos desde el inicio. Así, unos seis ensayos antes del estreno, me metí. Agarré muy rápido el personaje, porque venía dirigiéndolo, ya lo tenía en mi cabeza. Después estuve en unas funciones en donde entre los actores y yo se nos colaban unas miradas o unos signos del tipo de los que hace un director; entonces al final me relajé y me divertía, hasta me he tentado con mis actores y ellos: "¡cómo puede ser que te tientes vos!". Pero me ha sucedido y fue muy placentero, una experiencia adrenalínica como artista, porque vos sentís que estás realmente presentando un material muy propio, que te pertenece mucho. Te llena de una manera tal, que luego es difícil no volver a hacerlo, no tentarse otra vez.

Gustavo: *Cuando empiezas un proyecto, ¿cómo seleccionas el elenco?*

Andrea: Cada caso es bastante particular; pero suelo tender a trabajar mucho con actores de mis talleres, que son actores que están actuando en el teatro independiente y mi sensación es que los saco a actuar en primera. Me gusta porque son caras nuevas, están formados por mí. Entonces hago mezcla. La mayoría, salvo algunos que son actores, colegas con los que ya trabajé; en algunos proyectos que dirigí la gente va a ver una obra y ya sabe que va a ver un grupo nuevo de actores. Después los ve en otras obras.

Gustavo: *¿Hay alguna cualidad que tus actores tienen que tener sin la cual vos no podrías trabajar con ellos?*

Andrea: Salud mental. Por lo general, la gente que se dedica a la actuación es muy bondadosa. Para mí la actuación y el teatro es un arte humanista que se pone en el lugar del otro, que piensa las situaciones. Se trata de gente muy sensible. Parece una tontería, pero lo resalto: para mí es importante que sepan trabajar en equipo. Tienen que tener también cierta consciencia del humor no paródico, sino del humor del propio cuerpo o del ridículo que el propio cuerpo puede dar; saber que en una escena emotiva el humor puede estar dado por ese ridículo, esa especie de mezcla. Que estén entrenados en no ser didácticos, en entender que la situación no es lo que se actúa. Son concepciones que podrían ser para mí muy básicas, pero tal vez no todo el mundo tiene los mismos criterios. Está buena tu pregunta.

Gustavo: *¿Hay alguna técnica o metodología de actuación específica que favorece tu tarea como directora?*

Andrea: En ese sentido te diría que por eso también trabajo con actores formados conmigo; no porque sea la mejor formación, no quiero ponerme en ese lugar; pero para mí hay una complicidad y yo ya sé después de varios años que están conmigo cómo reaccionan antes mis pedidos y cómo nos comprendemos y la velocidad con la que nos comprendemos. Se me hace mucho más profundo y ágil.

Lola: *Una vez que estrenas, ¿modificas cosas en la puesta?*

Andrea: Depende de la obra. En esta última,[4] no; hubo un pre-estreno, que fue en noviembre, y sí modifiqué, ahí si toqué algunas cosas. Daba por supuesto que la gente iba a entender algunas cosas que la gente no entendió tanto, entonces me expliqué mejor y funcionó. En *Niños del limbo* hubo un párrafo que sentí que estaba demás en el estreno y en la segunda función lo quité. Son detalles. Sobre todo en el primer mes de funciones el barco va por varios rumbos: el estreno, que está siempre como angelado aunque esté todo mal; luego la segunda función donde se pierde un poco el humor y después se hacen los cambios.

---

[4] Se refiere a *El combate de los Pozos*.

Gustavo: *Cuando empezás a dirigir una obra tuya, ese texto que vos les das a los actores para empezar a trabajar, ¿se modifica durante los ensayos?*

Andrea: En general, sí. Y yo ya sé que va a ser así. Mis primeros ensayos, a veces las primeas escenas que están escritas, ya verlas en carne, me confirman en cómo quiero seguir. No es que no tengan idea de lo que va a pasar, del argumento, de la temática o de lo que quiero hacer, sino que se trata de la elección del 'cómo'. Porque a veces es más difícil retirar. Por ejemplo, esta obra, *El combate de los Pozos*, tiene dos escenas, una en el Congreso de la Nación y otra en una revista de filosofía política (yo tuve algún contacto de ese tipo). Y es una conversación que hace referencia al otro mundo y los temas podrían ser infinitos. El peligro ahí era, más allá de que los temas fueran más interesantes o no, cómo hacemos para elegir temas que hagan referencia con lo otro, con la otra escena. Tengo que cuidarme de ser excesiva porque esta obra tiene dos problemas de representación, que yo puse juntos para hacerme la vida más fácil. Uno es cómo representar el poder en teatro, el Congreso Nacional, sin nada, no teníamos nada. Cómo hacer que aparezca sin ser coyuntural también, salir de la agenda mediática de hoy. Las primeras escenas de esta obra fueron escritas hace cuatro años y nunca fue mi intención estrenarla en un año de elecciones. La gente me dice "¡qué justo que la estrenaste este año!" Y yo digo: "No, no entienden, mejor hubiera sido estrenarla un año antes o después". Y el otro problema de representación es una charla filosófica sin que sea solemne evitando que la gente se pierda. Creo que se logró. Obviamente, recibimos mails de Magister de Sociología, fascinado; la traductora de Alain Badiou y, por otro lado, yo pensaba que tal vez la gente que va del Club La Nación no sale tan contenta… (*Risas*).

Gustavo: *Cuando iniciás los ensayos, ¿les comunicás a los actores todos tus objetivos o dejás que ellos vayan descubriendo? ¿O vas sin objetivos? ¿Cómo se dispara el proceso?*

Andrea: Los convoco para hacer ese material, y después todo lo que dije es lo que va a ser; en general me pasa eso. Siempre dejo abierto un margen; aparte, saben que hay escenas que todavía no están y eso también genera la expectativa de que va a llevar a una escena nueva, los personajes lo van proponiendo, van encontrando, les van sentando mejor las escenas que les llegan, porque ya están un poco en el cuerpo. En el primer mes termino de cerrar la obra. Y después, claro, hago tijera fina. Agrego tal cosa, saco otra.

Lola: *¿Hay alguna colaboración entre vos y ellos cuando escribes? ¿Incorporas materiales que ellos te dan?*

Andrea:No, porque en general no los hago improvisar mucho. Pero sí, por ejemplo, cuando estamos haciendo una escena, todavía hay un momento de libertad donde el otro agrega un texto, sobre todo alguna gracia o alguna cosa, entonces lo dejamos. En esta última obra, armamos un grupo de Facebook, y es una obra tan sobre política y cómo representar el bien sin el mal, y sobre la matanza de los animales, tiene varios temas. Es un grupo que quiere cambiar el mundo y termina siendo un juego de mesa, que se llama Cambiar el mundo. Había muchos temas, nos posteábamos de todo en ese grupo. Hay cosas que quedan. Mi asistente de dirección, un chico que es profesor universitario, de comunicaciones, de sociología, que yo lo llamé, era un actor de mis grupos, porque justamente me gustaba su parte teórica, de acompañamiento y de referencia. Yo no tengo memoria académica, pero él de pronto planteaba que tal referencia era de Durkheim y eso te daba cierta seguridad. En ese grupo era como meternos en esos temas: videos, artículos, no ocurría en el tiempo de los ensayos, pero todos los leíamos.

Gustavo: *¿En qué momento ingresan al proyecto los técnicos, artistas o creativos, como quieras llamarles? Me refiero a la escenografía, la iluminación, el vestuario, etc.*

Andrea: En general, cuando después de dos o tres meses de ensayos, está el material y podemos confirmar una fecha de estreno y ya hay que meterle. Porque aquí hay que pedir todos los subsidios que tardan un año; en un semestre se otorgan y después tardan mucho en llegar. En general la obra la terminan produciendo los artistas y después llega el subsidio. Para presentar esas carpetas ya tenés que definir el equipo y tenés que tomar decisiones escenográficas y de vestuario.

¡Todo a pulmón!

Lola: *O sea que al comienzo se hace todo.*

Andrea: No en los primeros ensayos, pero sí cuando ya el material se ha concretizado.

Gustavo: *¿Cuánto dura, más o menos, un proceso?*

Andrea: Para mí, un año laboral. Serían nueve meses de ensayos y a veces es dos veces por semana porque no hay otros horarios. Hay proyectos que se ensayan por períodos; por ejemplo, este mes ensayemos mucho porque todos podemos o porque después yo me voy. A veces sangran las agendas, decimos.

Lola: *¿Mueves tus espectáculos? ¿Cómo funciona el cambio del espacio?*

Andrea: Yo me moví mucho con la Compañía del Patrón Vázquez, con Spregelburd. Ya teníamos toda una estructura. Entiendo lo que es el cambio de espacio y que a veces favorece y otras veces es tremendo. Hubo obras que he movido: algunas que originalmente eran en una sala pequeña y luego tuvimos que darla en una sala gigante en un Festival de San Martín de los Andes; se perdía mucha intimidad. Hay obras que no sufren tanto. Depende también mucho del material.

Lola: *En general tus obras son para espacios pequeños.*

Andrea: Digamos 'medianos'. El Beckett tiene 90 butacas, que es un montón para el teatro independiente. En general, las salas tienen como mucho 60 butacas. *Niños del limbo* la hicimos mucho tiempo en el Camarín de las Musas y luego nos fuimos al Beckett, de 70 pasamos a 90. Pero salas con más de 90, casi no existen. Obviamente hay más grandes, pero no tienen nada que ver con el circuito del teatro independiente.

Gustavo: *La producción, ¿la hacés vos, la hacen en cooperativa, hay productor externo?*

Andrea: En cooperativa. He tenido algún asistente que hacía las veces de productor. Pero en general es en cooperativa, todos colaboran. En este caso de *El combate* todos colaboran; en otros casos estaba más conmigo y mi asistente; en otro, la que hacía prensa era productora. Con Rafa siempre estuvimos sin productor y en un momento en que tuvimos productor fue difícil. Espero que en algún momento pueda abrir mi corazón a un productor.

Gustavo: *Al asistente de dirección, ¿qué tareas le asignas?*

Andrea: Depende del asistente. La primera tarea es básicamente combinar horarios entre todos, ir haciendo las citas, las carpetas porque tiene que ver mucho con la producción. Intento tener siempre gente que se pueda alimentar del proceso creativo de ver a un director y a actores llevando un material adelante. Soy bastante culposa. ¡Pobres asistentes! Una vez nadie quería ir a una radio y fue mi asistente, una asistente que tenía divina y que ahora es además mi cuñada. Los de la radio se sorprendieron de recibir a una asistente y en la entrevista le preguntaron: "¿Y vos que roles hacés?" Y muy honestamente, como chica joven, dijo: "Yo hago todo lo que nadie quiere hacer. Fui la única que quise venir; los demás no querían, entonces me lo pasan a mí". (*Risas*). Eso quedó como algo muy gracioso. El asistente es el que tiene que ver ese proceso, estar cerca y luego ayudar a resolver situaciones. Y a veces también hay actores que son operativos, como en *El Combate*, que además no tiene un gran armado escenográfico, casi no tiene utilería, es despojo total. Entonces, no necesitamos al asistente realmente; además en el Beckett, es un teatro en el que tenemos mucha amistad con la gente y ellos colaboran.

Lola: *Cuando vos empezaste a actuar y a dirigir, ¿sentías la cuestión de género influyendo en lo que hacías, en el trato con los demás, en decisiones que se tomaban?*

Andrea: Nunca me atreví a decir claramente o me parecía una situación de cierta debilidad decirlo. Por otro lado tampoco me sentía afín a la idea de la imposición. Porque había visto cierta cosa inversa, como imponer por momentos a alguien por ser mujer, que no era ni talentosa ni interesante ni nada. Veía esa doble situación. Desde un lugar mucho más inconsciente eso está. Es muy claro con la literatura femenina, es clarísimo lo que pasa: hay grandes escritoras, conozco a muchas cuentistas argentinas porque trabajo con muchas actrices, y hay un movimiento de cuentistas que es de una calidad impresionante y los hombres no quieren ni saber con leer a las mujeres; es un rechazo increíble. Luego lo leen y dicen "está buenísimo".

Lola: *En el ámbito del teatro, en tu práctica... ¿Has notado algún cambio desde que empezaste hasta hoy?*

Andrea: Sí, creo que se instaló más, pero sin embargo hay algo de valorización de la obra... En el arte es todo tan relativo; de pronto una obra se instala como genial y al lado hay veinte que son igual o más geniales. Pero la que se instaló es esta; es como un azar. La vida es así, tiene azar desde que nacemos. Pero en ese azar de instalación, de que esta obra es una gran obra, en general le cae más a los hombres, a un director. Eso lo veo.

Gustavo: *Cuando estás dirigiendo, tu relación con las actrices, ¿es igual a la que tienes con los actores o algunos te presentan mayores dificultades?*

Andrea: Me llevo muy bien; tengo muchas alumnas, me encanta trabajar con ellas. Para mí es igual. Hay una cosa de la dirección y la docencia que te pone como en una empatía de madre, quiero que todos brillen y estén bien.

Lola: *Cuando escribes o diriges, cuando los actores se mueven, cuando eliges el vestuario, cuando cada uno tiene su texto, ¿se te atraviesa en algún momento la pregunta por el género?*

Andrea: En *Combate* todo esto está puesto de manifiesto, hay una discusión sobre la cosificación de la mujer.

Lola: *No, no me refiero a eso, sino a algo más sutil. He visto obras, que supuestamente son feministas, y aparece la protagonista todo el tiempo llorando y arrastrándose por el piso. Me refiero al movimiento del cuerpo, a la gestualidad, a lo* *que cada uno dice. Y no solo para las mujeres, sino también a los hombres, porque el género va para los dos.*

Andrea: Me parece que justo en ese mundo de la escena es donde se transciende mucho, hay un compañerismo y una paridad entre los actores, que es mucho más fuerte que entre directores. Los actores son muy compañeros en general.

Lola: *¿Pero la cuestión de género se te cruza o no?*

Andrea: Depende del personaje. En Combate tenemos una mujer que es una especie de diputada que se acostó con uno; ella es como una modelo, y la tenemos en minifalda, con tacones, hablando de muchas cosas; pero después ese mismo personaje en otra vida es ella misma pero con la misma idea, es la que plantea las cosas más interesantes.

Lola: *Eso está muy bien.*

Andrea: Su mirada del mundo es la más interesante. Todo el mundo diría "la modelo estúpida" y es la que abre el mundo. Todo se relativiza; lo que el teatro pone de manifiesto es justamente la inquietud, la pregunta, romper el arquetipo. Cuando veo una obra específicamente feminista, en general no me gusta. Porque estoy viendo un contra-arquetipo que tampoco es interesante. Creo más en todo lo que nos parecemos, en la comunión de todo lo que nos parecemos entre hombres y mujeres, que en lo que no nos parecemos. Hace veinte años atrás pasaba: que si la protagonista es una mujer, hay censores, veedores y policías que están viendo, desde el feminismo y desde el no feminismo, cómo la están presentando. Si el protagonista es un hombre y es malo, Ricardo III, nadie dice nada o dicen "es Ricardo III". Nadie eleva su voz para decir "¡cómo Shakespeare presenta a los hombres! ¡Qué hijo de puta!" Pero si es una protagonista mujer que comete una maldad, habla mal de las mujeres, el autor es misógino. Esto te lo digo muy gráficamente, pero con mayores sutilezas, sucede.

¡Todo a pulmón!

Gustavo: *Pasando ahora a los géneros teatrales, ¿cuáles son los que más te gusta frecuentar: la comedia, el drama, la tragedia, el sainete...? ¿Con cuál tenés mayor afinidad?*

Andrea: La comedia. En realidad, es que la comedia transcurre a dos centímetros del piso. Y, además, el teatro le rehúye a los géneros; el teatro se los quiere sacar de encima. Te lo digo, como si fuera entre nos, para mí está todo mezclado. Esas son preocupaciones para aquellos que después clasifican. Pero en general, la idea es justamente que el teatro no quiere ser atrapado por los géneros. El género termina siendo más académico, en su mejor idea, si es que te permite reflexionar; o mercantilista en su perversión. Termina siendo un peso y justamente el arte debe resistir esas categorías. No quiere decir que no haya momentos emotivos; en *Combate* es una comedia, pero al final te emociona, te traiciona.

Lola: *¿Has incursionado en el teatro comercial o semi-comercial?*

Andrea: Sí, hace dos años, estuve un año y medio de funciones en Buenos Aires, fui a Mar del Plata, con una obra súper comercial, que se llamaba *El hijo de puta del sombrero*, con Pablo Echarri. Actuaba ahí en una escena que era divertidísima; yo me divertía mucho, la gente se divertía. Chabacano a más no poder, pero nunca pensé que me iba a divertir tanto. La pasé muy bien, cobraba muy bien. Nadie creía que estaba inventando la pólvora. Era mucho más humilde que a veces ir al Teatro San Martín. A mí me pasó que, durante un tiempo, actué en muchas obras del San Martín hasta que en una época que había menos grupos, era más producción y podías quedarte rondando con trabajos. Y pensabas que tenías una carrera institucional, que ahora no funciona. Así tuve momentos donde la solemnidad de estar haciendo una obra de, dirigida por X era malo o no había búsqueda, era resolutivo, o creían que se merecían ese lugar más que otros. La situación me era muy molesta. Decía "no voy a poder hacer algo que no esté de acuerdo, algo que no me guste estéticamente...". En cambio, me pasó que en el teatro comercial, como nada de eso se da, nadie cree que está haciendo algo importante, sino que saben lo que están haciendo, hay una honestidad que es como deportiva. No se me mezcló nada; al contrario, lo estaba pasando bien. No invitaba a mis amigos, si querían venir, que vengan. Mil quinientas personas por día que venían a ver esto y aplaudían. Era como estar participando de un rito que no es el mío, que no tiene nada que ver, pero me han invitado, todo el mundo me festeja y está todo bien... Y no me generaba ningún conflicto, como cuando algo se pega, le ves la quinta pata al gato o la oscuridad que pretende dar la idea de que somos artistas... La soberbia me molesta muchísimo.

Gustavo: *¿A cuál de las artes se liga tu rol de directora? ¿La pintura, la música, la danza...?*

Andrea: La literatura. Yo vengo de estudiar Letras, me pasé de Letras a la dramaturgia. La escritura es algo que a mí me encanta. Si no existiera el teatro, yo estaría dedicada a la escritura de alguna manera. En mis entrenamientos y en mi teatro, para mí lo importante es el actor y la palabra. Igualmente me pasa con esas peleas que hay y siguen habiendo, que me parecen bizantinas, sobre el autor como dominante y el teatro... no sé qué. A mí me gusta la literatura, me interesa que el texto sea profundo, interesante, bien escrito. "No, pero me interesa más la imagen", te dicen. Y está muy bien, pero yo no imagino con imágenes, yo tengo que ver un cuerpo, una textualidad y una situación. Está bueno que no se parezcan las formas de producción.

Gustavo: *Y a nivel de las estéticas, ¿te orientas más hacia algún tipo de realismo?*

Andrea: Mirá, también eso es relativo, pero se puede distinguir. Si el realismo implica que esa realidad que me cuentan es poco profunda y se pone televisiva, por supuesto que no me va a interesar. Pero si de pronto puedo ver unas actuaciones poderosísimas, con una profundidad humana de los temas, que me conmueve o me hace reír, y dispositivos escénicos atractivos, entonces te la compré. Es más raro. Por ejemplo, esto que pasa con *Terrenal*, de Kartún, ese texto es una delicia escucharlo y no es realista y teatralmente no tiene mucho dispositivo, pero la fuerza está ahí. Hay otras obras en que prima el manejo del espacio y los cuerpos y la maquinaria que arman los actores, que es lo que lleva a un espectáculo una vivencia más feliz. No podría decir que tengo preferencias. A mí me gusta mucho lo que escribe Spregelburd, *Spam* que está en cartel y algunas otras, es raro porque trabajé veinte años con él y me alegra, por suerte me sigue atrayendo, qué genial, cómo me hace volar la cabeza lo que arma en su textualidad. Y entiendo que haya cosas que no están, pero que están en obras de Zorzoli, de Tarrío, de Ajaka. Uno viene haciendo teatro desde hace tantos años, que ve la escena fantasmal, yo la llamo la "obra fantasmal", que es la obra que está bien, pero ya la vi mil veces. Está bien, sé lo que voy a ver de principio a fin, sé su procedimiento. Y por ahí son obras que hacen boom o que les va muy bien porque conectan con algo, son honestas: son jóvenes que la hacen para jóvenes, obras de teatro más barriales que se hacen justamente en el barrio, que tienen una honestidad y una condición de momento para un espectador menos sofisticado o menos arruinado, como uno, por defecto de profesión. (*Risas*.)

Gustavo: *Respecto del espectador, cuando estás dirigiendo, durante los ensayos, ¿se te cruza la imagen de un tipo de espectador, un cierto modelo perfil, local, de cierta edad o cierta clase, que te lleva a tomar ciertas decisiones?*

Andrea: Parecido a mí. Es como uno. En estas experiencias del teatro independiente, yo no especulo nada; hago lo que tengo ganas de hacer, porque es mi tiempo libre, mi decisión de juego. Hacer una obra es como un rito—no quiero sonar religiosa—pero sí hay algo espiritual que se juega en el arte. No puedo especular, no puedo para nada. A mí en este momento, lo que me excita, lo que me atrae, lo que me hace reír, es lo que vale; entonces lo que pase después tiene que ver con el afuera, es azaroso. Es muy difícil especular, porque empezás a arruinar aquello que es sublime. Y que no se confunda con elitismo. Me encantaría que fuera muy popular todo, ningún problema.

Gustavo: *Vos que has tenido tantas experiencias con Rafael Spregelburd, con tantas giras por tantos países, ¿has sentido ese impacto de que la obra funcionó menos o más en relación a ese modelo de espectador del que hablábamos antes?*

Andrea: Permanente. A veces ha pasado de volver a un lugar y que algo funcione, cinco años después de otra cosa que no había funcionado tan bien. No es solo la cuestión geográfica, sino los momentos.

Lola: *Y las condiciones en que das, y el teatro en que das y la gente que va.*

Andrea: También. Nos pasó, por ejemplo, a nosotros en Latinoamérica nos sorprendía, pero en Bogotá, Colombia, era un público perfecto, maravilloso, que entendía todo. Era como nuestro público soñado el público colombiano. No sabíamos qué pasaba. Entendían lo que tenían que entender. Las funciones eran radiantes, volvíamos y se acaban las entradas de *La estupidez* antes que las de Peter Brook. Veía los jóvenes en la puerta sacando entradas, recuerdo que los hacía entrar diciéndoles "pónganse por ahí", en esos teatros gigantes. Era como un boom. De cada vez que fuimos y hasta donde llegó. La misma obra, en Madrid, desvalorizada, muy ardua la gente, ni siquiera quería ir a ver de qué se trataba. Querían ver costumbrismo argentino y no querían ver otra cosa; por eso tal vez les gusta tanto Tolcachir. No querían ver unos argentinos haciéndose unos norteamericanos en un hotel de Las Vegas. Era como muy complicado, no les atraía tanto. Sí, en cambio, obras más simples, nos funcionaban mejor. Después en Italia, un tiempo después empezó a abrirse Italia. En Francia el teatro de Spregelburd les encanta, pero en vez de traer a los actores, lo montan con lindos vestuarios y mucha plata... Yo los detesto (*risas*), en vez de llevarnos a nosotros, tienen un presupuesto que nosotros nunca tuvimos para montar la obra. El año pasado estuvimos con una obra en Lima y hubo mucho entendimiento, cosa que antes no pasaba.

Lola: *¿Qué obra era?*

Andrea: *Todo*, una obra del 2009.

Lola: *Respecto de la crítica, académica o periodística, ¿cómo es tu relación?*

Andrea: En general, me interesa más lo que tiene que ver con crítica académica o las cosas más periféricas, los medios más periféricos, porque me parece que tienen más libertad, la gente está mucho más formada y pretende hacer una recepción del material. En cambio, en la crítica de diarios, cuanto más mediática es, más arbitraria. Uno, por supuesto, se pone contento, porque le pusieron un "felicitado" y porque va a venir más gente. A mí no me importa el 'felicitado' del crítico, lo que me importa es que funciona como publicidad, para que la obra pueda atraer más gente. También están esos mail de gente que vio la obra y de pronto hacen una reflexión y decís "qué lindo lo que le movió".

Lola: *Esos comentarios críticos, de cualquiera de las fuentes que mencionaste, ¿llegan a tener un impacto en tus producciones futuras?*

Andrea: No. O por ahí, esos comentarios que hace la gente, sobre lo que le pasa, en realidad uno ya sabe lo que va a pasar, no te sorprendés tanto.

Gustavo: *¿Qué directores te han impactado—no digo 'influenciado', porque seguramente no hay nada ellos en tu producción—como directora, a nivel nacional e internacional?*

Andrea: Internacionales, Peter Brook, que tiene algo que me atrae— además de conocerlo de las pocas puestas que vi pero también de los videos. Por supuesto que en mi historia Kantor está. Saber y ver cosas, más como artista, aunque como escritor también, ver algunos videos sobre el teatro de Beckett o del mismo Beckett, me impactaron más que ver puestas de Beckett, me gustan más. Me gustan más las grabaciones radiofónicas de la BBC que el teatro. Los más grandes impactos son nacionales: Bartís es un director que a mí me impacto mucho; pensá que yo de chica venía del teatro post proceso militar, en la democracia, era un teatro, como el del Parakultural, era un zafarrancho divertido y a la vez sacado, rebelde, de pronto diciendo poemas... De pronto hubo un teatro muy tradicional, de los clásicos, y la aparición de Bartís fue muy importante porque volvía a aparecer un lenguaje argentino, una identidad, desparpajado pero con emocionalidad, con estados de actuación. Sus primeras obras me impactaron muchísimo, por ejemplo, *Postales argentinas*, *Hamlet o la guerra de los teatros*, *El pecado que no se puede nombrar*, eran para mí experiencias fuertes. Además, que son las primeras experiencias en el teatro que uno, como ocurre siempre con sus primeras veces, recuerda mucho. Además, estudié y me formé con él, entonces para mí es un inimputable, lo respeto y lo quiero mucho. Más tarde, Rafael Spregelburd, porque haber trabajado tanto con él, ver cómo soltaba, también aprender a actuar y dirigir, todas estas travesuras que uno hace, que empezamos a hacerlo con ingenuidad pero después había que hacerse cargo; Rafael es muy valiente, su postura de que "si eso es lo que queremos hacer, lo hacemos". Todo el mundo lo criticaba, pero para él no había ningún problema, decía "es lo que yo quiero hacer". Le decía: "¿Te parece una obra de tres horas cuarenta, vos adentro, sin director, escrita por vos? Dejá que ese personaje lo haga otro" Y él decía: "ese personaje lo quiero hacer yo". (*Risas*). De esa valentía y de libertad de los demás, se aprende mucho.

Gustavo: *¿Estabas en el elenco de* Paranoia*? Recuerdo que la vi en un teatro de Villa Urquiza, que antes era un cine.*

Andrea: Sí, en *La paranoia*, en *La estupidez*, que fue un éxito mundial, en todos los festivales era una locura. Aquí, en Buenos Aires, para que la gente venga a ver una obra de tres horas cuarenta sentada en butacas de plástico… con intervalo. ¡Era una fiesta! Léanla. ¡Tiene una gracia! No la podríamos hacer más, era una maratón; en los primeros cuarenta minutos yo descansaba, pero luego venía con todo y otro descansaba, pero era impresionante, como con 25 cambios de vestuario. Era una obra en la que nos abrazábamos como diciendo "sí, la vamos a poder hacer, no te preocupes". Yo no hablaba por dos días después de cada función. A las dos horas de obra tenía un monólogo donde me emborrachaba y hablaba 25 o 35 minutos seguidos, sobre toda una escena, una cosa circular, un habla tan Beckett…y salía de ahí, me ponía un yogui hacía de una discapacitada que entraba en una silla de ruedas; salía de ahí y era una periodista… Nos cambiábamos todo, de peluca, de vestuario, todo rápido, y solos, abrir puertas, cerras, entrar, salir. Había momentos en que la gente se preguntaba "cómo hacen para cambiarse", con lo cual hubo cosas muy graciosas, porque a veces en los festivales se nos va rompiendo una puerta, se nos rompe una cama… La escenografía tenía que funcionar muy bien porque era una obra rock-and-roll de abrir y cerrar puertas. En un momento nos quedamos con un picaporte en la mano y yo me voy de escena y el actor me dice "no se lleve el picaporte" (*Risas*.).

¡Todo a pulmón!

Lola: *¿Sientes que tu estilo de dirección se diferencia de directores anteriores? Por ejemplo, con Spregelburd. ¿Cómo te ves tú en tu estilo y en tu modo respecto de Spregelburd, que creo que es lo que has tenido más cercano?*

Andrea: Soy mucho más maestra, soy más paciente. No sé si es una virtud, pero estoy más atenta a descubrir los detalles, a diferencia de Rafa que confiaba en nosotros, éramos unos actores en los que confiaba y nos dejaba más libres. ¡Eso está bueno!

Lola: *¿Y respecto a los chicos y chicas que tú has formado y que ahora ves dirigir?*

Andrea: Veo algunas cosas de cercanía, como las estructuras de las obras, el humor…

Lola: *¿Pero vas viendo alguna evolución, que se diferencian, se alejan de vos?*

Andrea: Sí, algunos encuentran una particularidad y un camino y se diferencias claramente.

Lola: *¿Podrías marcar algún rasgo específico?*

Andrea: Lo tendrían que decir ellos cuál es ese rasgo.

Gustavo: *Una última pregunta. ¿Hay alguna pregunta que siempre soñaste que te hicieran como directora y nunca te hicieron?*

Andrea: Sobre dirección, claro. Ummm… (*Largo silencio*). ¿Que quise que me hicieran?

Gustavo: *¿O qué quisieras que te preguntaran?*

Lola: *¿De qué quisieras hablar que no se te dio la oportunidad?*

Andrea: Es difícil pensar en una pregunta. A veces algunas temas se empiezan a dar en una charla donde nos metemos por un tema específico. Y los mejores temas para mí, las cosas más agudas que suceden, más profundas, suceden—al menos a mí me pasa—dentro de las clases o de los ensayos, tanto como actriz como directora. Porque el material pone un coto, estamos hablando de este problema y de esta resolución o lo que queremos investigar y entonces ahí surge esa combinatoria de palabras que salió y que explicaron o iluminaron un acontecimiento específico.

Gustavo y Lola: *Muchísimas gracias, Andrea, por darnos la entrevista y por tus reflexiones.*

ROMAN PODOLSKY

Entrevista realizada el 9 de junio de 2015

Román (*a Gustavo*): ¿Sos argentino?

Gustavo: *Sí.*

Román: Pero vivís afuera.

Gustavo: *Estoy viviendo en Los Ángeles.*

Román: Porque no tenés una tonada porteña.

Gustavo: *Tal vez porque viví muchos años en Tucumán y en Salta, y por ahí se me escapa la tonada de allá.*

Lola: *Yo sí soy argentina.*

Román: ¿Vos argentina? Pero… sos de Ecuador.

Lola: (*Risas.*) *Soy ecuatoriana, pero viví en California, muy cerca de donde vive Gustavo y hemos hecho muchos trabajos juntos. Y ahora vivo en Buenos Aires…*

Román: Vuelven a encontrarse…

Lola: *Bueno, la verdad es que nunca nos hemos desencontrado realmente.*

Gustavo: *El marido de Lola es argentino y enseña todos los años un trimestre en California State University en Los Ángeles. Y ellos van todos los años.*

Lola: *Tengo mis hijos allá, la casa en Pasadena, que es una ciudad preciosa para vivir, un jardín.*

Román: Sigues teniendo lazos.

Gustavo: *La primera pregunta es: ¿qué es para vos dirigir?*

Román: Se puede responder de distintas maneras. Voy a ir enumerando algunas posibilidades, aproximaciones. Una primera es ir generando una orientación; dirigir sería estar en relación a una orientación e ir conduciendo a un grupo en función de esa orientación que va surgiendo inherente al trabajo. Esto implica—por lo menos muchas veces en el modo en que yo lo hago, en el modo en que yo entiendo la dirección y que voy trabajando—no tener claro en el punto de partida hacia dónde se está yendo y esto genera la necesidad de ir descubriendo en ese proceso cuál es la orientación que ese proceso va dictando. Esto quiere decir que, en el punto de partida, por ahí no sabemos necesariamente de qué se trata el asunto y, más que pelearnos o entrar en conflicto con esta realidad, se trata de ir navegándola, de ir encontrando los puntos que permitan ir aproximándonos a esa orientación. Otra manera por ahí de pensar la dirección en el trabajo con los actores para mí es como… ¿Viste cuando un cohete está presto a salir y hay un andamio que está soportando esa partida? Bueno, el andamio es el director; apoya, acompaña hasta que el cohete prende los motores y se dispara al infinito. Esa imagen para mí tiene como un efecto, tiene como una consecuencia de sentido, que es que en algún momento el andamio se vuelve inútil. El andamio cae, porque lo que funciona allí es la actuación, es promover el impulso, acompañar esa partida y ese despliegue; entonces el director cae. Hay un momento, dependiendo de cada proceso, en que eso se produce: puede suceder más temprano o más tarde. Pero es un buen dato, me parece que habla de la salud del proyecto que esa función caiga, funcione como una suerte de desecho más allá de que el director, como artista que se expresa, sigue presente de algún modo en ese proyecto que está, para continuar con la metáfora, volando por los aires. Por cierto, hay una dosis de expresión personal, de afección, de emociones, de ideas que quedan plasmadas en el trabajo de los actores, en la puesta en escena, pero hay algo que se suelta también. Hay ahí una tensión que me parece interesante, entre lo que va quedando allí y lo que se suelta. Y creo que hay algo de la dirección ahí, que es muy concreto y que tiene que ver con este ejercicio de agarrar y soltar, de agarrar una idea, de agarrar una dirección y—como decía Peter Brook en el Prólogo de *Provocaciones* —"No te lo tomes tan en serio. Afírmalo con fuerza. Abandónalo con ligereza". En principio eso. Y para mí dirigir es también poder generar en el proceso de trabajo con los actores y en el proceso de creación una disponibilidad hacia lo desconocido—completando lo que les decía hace unos instantes—es decir, poder generar un clima donde la sorpresa sea un valor, donde la incertidumbre no sea un problema, sino sea una compañera de trabajo, y donde la fortaleza de este proceso creativo, es decir, la trama que se va creando entre los actores y en el equipo, soporte la angustia que está presente en todo proceso de creación y que es inexorable. Es inexorable en tanto y en cuanto estamos pretendiendo hacer algo nuevo.

Lola: *Respecto de eso, ¿cuánta información tienen los actores cuando empieza el proceso, respecto de tu idea sobre lo que va suceder o lo que esperas que suceda o la obra que piensas hacer?*

Román: Todo esto depende también de las condiciones de producción. Si hablamos, por ejemplo, de un trabajo de dramaturgia del actor que tiene que ver con trabajar a partir de un tema, pero no saber cuál es la dramaturgia que va a resultar, los niveles de incertidumbre son grandes en el punto de partida, porque no sólo hay que montar un espectáculo, sino que hay que inventarlo, digamos, hay que inventar una obra, hay que inventar un texto. Lo que quiero decir es que yo rápidamente pongo en asunto a los actores respecto de lo que les espera. Hay un acuerdo previo de ¡atención, no sabemos! Los invito a este grado de inconsciencia. En general, a esta altura del partido, la gente se acerca a la propuesta y encuentra modos de disfrute de ese tipo de trabajos. Hay otros procesos que dependen de condiciones de producción diferentes, donde vos la obra ya la tenés establecida. Entonces, rápidamente, se trata de compartir información sobre este material, cambiar puntos de vista, en un sentido, si se quiere, más clásico, donde pensamos juntos la obra, pensamos las perspectivas de análisis del material y avanzamos más en un pie de igualdad respeto de la información que hay disponible. Eso no quiere decir que no haya incertidumbre, o que no haya avances y retrocesos, que no haya ajustes respeto de la perspectiva que se ponía en el principio como válida y que en la práctica resultó ser un fiasco. De cualquier forma, ya sea que el texto pre exista al proceso o sea creado por él, me gusta pensar la relación con los materiales como un campo de posibilidades abierto.

Lola: *¿Y cuál de estas modalidades está más presente en tu actividad como director?*

Román: Las combino; en general, trabajo mucho con dramaturgia de actor, trabajo creando mis propios espectáculos y, con el paso del tiempo, también me han acercado materiales, textos o me invitan a participar de proyectos donde ya el material está establecido y la labor es más de director intérprete de un material. Mi corazón, digamos, está más por el lado de la creación integral del espectáculo y esto implica también la cuestión del texto o de la escritura en el montaje, digamos, ya sea en relación al texto o en relación a la puesta en escena.

Lola: *¿Y tú te encargas luego de hacer improvisaciones, me imagino, y a raíz de eso escribes?*

Román: Yo trabajo la dramaturgia. En general, dentro del ámbito de la dramaturgia del actor, hay distintas experiencias. La mía tiene que ver con no trabajar a partir de improvisaciones, sino trabajar a partir, de una serie de entrevistas, donde voy orientando, a partir de una temática acordada previamente con el grupo, a una suerte de asociación libre, donde lo que a mí más me interesa en los dichos de los actores, tiene que ver con lo que no esperaban decir, con lo que sorprende más allá de la voluntad de decir, lo que está al margen de su intención; lo que tanto al que está hablando como al que está escuchando, nos sorprende. Y esa sorpresa queda sancionada por la risa, por el equívoco o por la angustia. Pone en cuestión la certeza del que habla y genera una afección. Y allí es donde yo percibo que hay algo de la singularidad de quien está hablando, que transciende ciertas convenciones de lo que se esperaba que fuera dicho y que está generalmente más atado por convenciones, por lo que debe ser, por ciertos valores, por lo que aprendí, por lo que se supone que esperan de mí, etc. Y, de pronto, en el equívoco, en el margen, aparecen dichos que son los que expresan más la singularidad del que está hablando y ése para mí es el punto a donde va todo este asunto.

Lola: *¿Y cómo trabajas a partir de esto?*

Román: Esos dichos luego salen del contexto de origen, es decir, después no trato de reproducir el contexto en el que fueron dichos. No hay un intento de representar; hay un intento de crear algo nuevo a partir de esos dichos, es decir, yo lo que hago es registros de palabras y esos registros son luego reformulados en términos de articulaciones nuevas. Entonces lo que tú dijiste en un día tal, luego se junta con lo que dijo otro en otro día, entonces en esa articulación aparece lo nuevo, más allá de los contextos de referencia en los que habían surgido y que a mí no me interesan. Es como un procedimiento para que aparezca lo nuevo, en el mejor de los casos. Entonces, mi labor como director—complementando lo que estábamos hablando—también está teñida del trabajo de autoría y en muchos casos son muy distintos el uno del otro o van complementándose.

Lola: *Tú usualmente estrenas en una sala e imagino que a veces te mueves a otra sala fuera del país o fuera de Buenos Aires. ¿Cómo impacta el nuevo espacio, la adaptación al espacio? ¿Es un problema muy grande para las obras que tú haces?*

Román: En giras aprendí a adaptarme. Al principio me ponía muy obsesivo respeto de que el espacio nuevo tenía que corresponderse con el espacio original. Y después entendí, por la práctica, que eso no ocurre nunca. Yo no lo sabía. Lo fui aprendiendo con la práctica y me fui relajando en ese punto y empezando a entender a los espacios y a las realidades que se te presentan con cada espacio nuevo. Y eso me permitió vivir el vínculo con los espacios nuevos de otra forma, no tratando de adaptarlo a mi ideal, sino dialogando con esa novedad. Los resultados son diferentes: hay espacios que se adaptan mejor y hay espacios que no. De pronto una obra intimista, un monólogo que estábamos acostumbrados a hacerlo para cincuenta personas, fue presentado en un auditorio para quinientas y no es lo mismo, pero la experiencia fue muy interesante también. Entonces se transforma en una suerte de juego, a ver con qué nos vamos a encontrar ahora. El impacto es innegable. Cada espacio nuevo agrega un caudal de información que juega con el armado que traes. El problema es tratar de negar esa evidencia, me parece.

Gustavo: *¿Con qué criterios seleccionas el elenco para tus producciones?*

Román: Mirá, no es que haya una suerte de protocolo al respeto. Las situaciones son muy diversas. A veces la obra es el resultado de un proceso de investigación que se inició con actores que están en algún seminario mío y luego cambiamos el encuadre, porque nos gustó lo que estábamos haciendo en el seminario y deseamos continuar la investigación en otras condiciones. Lo transformamos en un proceso de ensayos y ya no soy yo el docente sino que soy el director; cambia el encuadre y nos invitamos y acordamos juntos en avanzar en un proceso de creación. Otras veces llamo a actores, como se hace comúnmente, en función de un material que me es dado; otras veces, muchas, vienen actores que ya saben cómo trabajo y que tienen ganas de hacer algo y no lo tienen muy bien cocinado todavía, y saben que yo, en ese trabajo, puedo colaborar dándole forma al material y propiciando un espectáculo. Te diría que entre estas modalidades va ocurriendo la cosa.

Gustavo: *¿Hay alguna cualidad que esos actores tienen que tener, en cualquiera de esas modalidades, sin la cual no podrías trabajar con ellos?*

Román: Para mí, si hay una cualidad es, como hablábamos antes, la disponibilidad a la novedad. Eso me resulta central en un actor y me doy cuenta rápidamente si hay esa tal disponibilidad, es decir, como decíamos hace un rato, a navegar en la incertidumbre, a sostener un proceso sin estar expectante del resultado, sin agarrarse a lo conocido y dispuesto a probar una y otra vez. Esa disponibilidad es para mí muy importante. En general, me rodeo de actores que en este punto son muy arriesgados, flexibles, compañeros. Hay una dimensión del teatro que tiene que ver con esta cuestión, que tiene que ver con que estamos embarcados juntos en un asunto que no le importa a nadie. En este sentido asumir nuevos riesgos es también desembarazarse de toda solemnidad.

Gustavo: *¿Hay alguna técnica actoral que ellos puedan traer y que favorece tu trabajo? ¿O eso no tiene mucho peso en la selección del elenco?*

Román: No, no necesariamente. Por supuesto que si hay un entrenamiento y una conciencia de lo que es el trabajo del actor, cualquiera que sea el medio o la técnica que les haya permitido esto, eso ayuda. También con el paso de los años te diría que me interesa más un actor que trae un trabajo con el cuerpo más desarrollado que un trabajo clásico en el sentido del análisis del texto, esa cuestión que privilegia el interés de la razón por sobre otros aspectos del trabajo. Eso me interesa menos porque he comprobado que conduce más rápidamente hacia zonas convencionales, es decir, hacia zonas del conocimiento, hacia lo que ya sabemos. Y como estoy buscando lo que no se conoce, lo que no se sabe, me aburre un poco cuando se sabe tanto.

Lola: *En algún momento del proceso, desde que inicias los ensayos hasta el final, etc., en algún nivel de conciencia, ¿tienes presente la cuestión de género?*

Román: Depende mucho del espectáculo; quiero decir, lo primero que me viene es un espectáculo donde yo trabajé esa cuestión, que se llamaba *El pozo donde se encuentran*. Se hizo con actores formados en Timbre Cuatro, en la escuela de Tolcachir; él me invitó a dirigir a este grupo; eran quince actores y yo les propuse trabajar con una noticia del diario donde un hombre había asesinado a su mujer y la había enterrado debajo de la cama matrimonial. Con lo cual para mí, desde el punto de vista dramático, había una tensión muy atractiva entre deshacerse y no poder deshacerse de ese cuerpo. Yo puse en discusión esa noticia con el grupo, y con este procedimiento de dramaturgia de actor fuimos creando un espectáculo donde la violencia y la cuestión de género estuvo muy a la orden del día. Independientemente de eso que es como una respuesta muy directa, frecuentemente tengo cierta sensibilidad por el trabajo sobre cuestiones femeninas. La mirada femenina me interesa mucho y de hecho he producido monólogos y unipersonales con mujeres donde la intimidad de ese mundo se transformó en algo muy atractivo para investigar. Me parece que la mirada femenina respecto de la masculina es más abierta.

Lola: *Eso es lo que te quería preguntar: ¿cuál es la diferencia que ves allí?*

Román: Me parece más abierta, tiene una amplitud de la cual la mirada masculina carece o tiene ocupada en ciertas cortedades. Es relativo también, no se puede generalizar, porque también hay hombres cuya mirada es amplia e inspiradora, pero hay algo—quizás para precisar un poco la respuesta—la relación que la mujer tiene con el vacío, no la tiene el hombre. Nosotros tenemos que construir esa relación con el vacío, llegar a advertir que estamos llenos de nada. La mujer, por estructura, tiene otras afinidades con lo que no hay; la mujer tiene un vínculo con el vacío, bordea el vacío, tramita con esa cuestión de un modo que el hombre. Es interesante que conecte, que observe, es interesante que dialogue, y como a mí todas estas cuestiones del vacío me interesan, hay una afinidad con esa mirada. En definitiva, creo que la asunción del vacío feminiza.

Gustavo: *Ahora, en términos de dirección de actores, ¿sientes más facilidad o dificultad en dirigir hombres o mujeres?*

Román: Las mujeres son más maleables, hay una flexibilidad innata; desde ese punto los hombres somos más duros y el teatro feminiza, porque pone en cuestión lo más preciado que se cree tener, el ser. Un hombre, cuando se vuelve flexible, aprehende componentes femeninos. Por eso también es interesante ese diálogo porque eso afloja, digo 'feminiza' en un sentido de disponibilidad, de apertura, de comprensión.

Gustavo: *Manteniendo el tema de género, pero en el otro sentido, ya no en el sexual, ¿tiendes a frecuentar unos géneros más que otros? Me refiero a la comedia, el drama, la tragedia...*

Román: No es un asunto. Lo que te diría es que a veces sucede con mis espectáculos que la gente no sabe si reírse o llorar (*Risas.*) O les pasan las dos cosas. Parece, como decía Luis Sandrini, el famoso actor de cine y teatro, que ésta es una obra de reír y llorar, como parafraseando a la vida, digamos. No es un asunto que esté en mí, pero creo que funcionan dialécticamente estas cuestiones y que siempre una gota de lo opuesto ayuda a que se valorice el polo sobre el cual estabas trabajando.

Lola: *¿Usas mucho humor en tus puestas?*

Román: Hay humor, no es algo que esté buscado, a mí me sale naturalmente el humor por el lado del absurdo, del sinsentido. Es humor que es *con* el otro, un humor que trata de integrar. No me gusta el humor *contra* el otro, el humor agresivo.

Gustavo: *Cuando estás en el proceso de trabajo preparando un espectáculo, la figura del espectador, cierto modelo del espectador, cierto perfil del espectador, no sé si local o un espectador con cierto nivel de edad o más internacionalizado, más globalizado, ¿interfiere, se te aparece mentalmente, lo tienes en cuenta? ¿No te interesa?*

Román: En general, a mí me interesa el espectador que está dispuesto a hacer un trabajo equivalente al que hice con el actor, al que hice yo mismo y que tiene que ver con soportar momentos sin sentido, momentos donde tiene que trabajar para completar algo de lo que está sucediendo durante la función y no viene todo servido en bandeja y montado en el desarrollo de la acción que te asegura calma al final del espectáculo. Entonces ese espectador me interesa, un espectador que está dispuesto a construir conmigo, a que el proceso de expectación sea un proceso de construcción, de creación también.

Gustavo: *¿Cómo se financian tus espectáculos? ¿Tienes productor externo? ¿Convocas a alguien o hacen la producción conjunta?*

Román: Otra vez, hay muchas variantes y depende de las condiciones. A veces me llaman y hay una producción.

Gustavo: *¿Cuáles son tus exigencias en estos casos? ¿Que es lo que mínimamente esperas de estos productores?*

Román: Asegurar las condiciones para que mi proceso del trabajo se pueda realizar, esto quiere decir, un lugar de ensayo, la claridad en los contratos, que los cachés sean apropiados, que lo que se prometa se cumpla, digamos, sentido común. Otras veces soy yo el que produce También en Buenos Aires tenemos la posibilidad de contar con subsidios y eso forma parte de la producción. Entonces, en esta amplísima red que es el teatro independiente en Buenos Aires, uno está acostumbrado a producir sus propios espectáculos y, además, a que el tema del dinero no sea la primera cuestión que se pone en juego, diferente a como sucede en otras ciudades, otros países. Acá nos juntamos porque 'hay onda', 'hay ganas de' y 'se me ocurrió una idea para'. Y eso alcanza para juntarnos por ejemplo acá, en este departamento podríamos ensayar perfectamente. Y después vamos viendo; es un poco esta cosa también propia del argentino, de que lo armamos y confiamos en que vamos a salir adelante; de alguna manera se va a resolver. Apoyando ese espíritu emprendedor, hay subsidios ProTeatro en la ciudad, está el Instituto Nacional de Teatro, está el Fondo Nacional de las Artes. Entonces, cuando llega el momento de preguntar por el dinero, alguien dice: "hagamos la carpeta para los subsidios", además de juntar todos unos mangos para soportar el pago de la sala de ensayos, etc. También por ahí cuando viene el llamado de algún teatro oficial, todo es mucho más sencillo, porque la producción corre por cuenta del teatro y entonces se descansa más. Las tensiones vienen por otro lado.

Gustavo: *¿Trabajas con asistente de dirección?*

Román: Sí, pero no es una persona fija, va variando en cada proyecto.

Gustavo: *¿Qué tareas le asignas?*

Román: Depende también del perfil de la persona, pero últimamente estoy trabajando con ex -alumnos de la UNA [Universidad de las Artes], porque estoy a cargo del proyecto de graduación de la carrera de dirección. Son los alumnos del último año de la carrera de dirección. Y ahí de lo que me aseguro es el criterio, es gente que ya ha hecho la experiencia de la dirección, quizá no es un actor que tiene ganas de eso, digamos, es alguien que está más formado y que entonces podés dejarle un ensayo, podés discutir a la salida de un ensayo y no estar solo, y te ayuda en la reflexión.

Lola: *¿Qué directores encontrarías tú que te han impactado?*

Román: Mirá, últimamente a mí me interesa mucho acá en Buenos Aires el trabajo de Ciro Zorzoli; Ciro me resulta inspirador; me inspira mucho su búsqueda. Me interesa, por ejemplo, la gente de danza, el grupo Krapp, por ejemplo, KM 29, de Onofri Barbato, o Diana Szeinblum; me interesa lo que está haciendo ahora Lisandro Rodríguez.

Lola: *¿Qué otro tipo de arte o disciplina es importante para ti en tu trabajo de dirección: la pintura, la música….?*

Román: Mi mujer es artista visual, entonces tengo la suerte de estar muy en contacto con artistas y con esa sensibilidad para las artes visuales y tener como cierta información de primera mano respeto a todo lo que está sucediendo en ese campo y me influye mucho, sobre todo en estos últimos años para pensar el espacio. Ella me ha ayudado en el pensamiento del espacio en muchas oportunidades; las artes visuales para mí son muy inspiradoras. Ahora, con la cuestión de la performance, este cruce de disciplinas me resulta atractivo; la música, también, es un área importante, haya o no haya música. Y sumo investigaciones recientes sobre el movimiento, intercambios con artistas como Eugenia Estevez, colaboradora en algunos proyectos, que me inspira mucho para dirigir a los actores y pensar la creación desde esa perspectiva.

Gustavo: *Como director, ¿qué momento o cuál es la mayor dificultad que tienes que enfrentar?*

Román: Encontrar la hipótesis que permita articular el material y que esa hipótesis, esa premisa, sea lo suficientemente abarcadora para tener en cuenta la riqueza de lo que fue apareciendo en el proceso y que no lo aplaste, que mantenga la riqueza de sentidos que fueron apareciendo. Tiene que cumplir también otra condición: que sea inherente al proceso de creación, porque muchas veces se te ocurren ideas ordenadoras y no son más que intentos vanos de ordenar las cosas, que tienen que ver más con soportar la angustia de uno que con hacerle justicia al material. Ese momento es para mí crítico.

Lola: *¿Pasaste alguna vez de la actuación a la dirección?*

Román: Sí, yo empecé estudiando teatro, actuación y trabajé como actor pero, ya en la época de estudiante (yo entre otros profesores, me formé con Agustín Alezzo), cuando preparábamos las escenas, siempre era el que me quedaba mirando. Y gozaba mucho con esa situación y la actuación me gustaba, sí, pero también ocurre que soy licenciado en educación, fui haciendo la carrera de educación a la par que la formación como actor. Y hay una cuestión que tiene que ver con la conducción de grupos, con llevar adelante un proceso, con cierta sensibilidad para las dinámicas y para producir en conjunto, y en algún punto estás dentro del grupo con un pie afuera, observando lo que sucede con ese grupo, haciendo como una suerte de conciencia de ese grupo; entonces eso creo que también ha incidido a la hora de encontrar mi posición en el teatro.

Gustavo: *¿En qué momento del proceso empiezan a participar los técnicos o bien los artistas, como el escenógrafo, el iluminador, vestuario, maquillaje?*

Román: Más o menos cuando está planteada—siempre hablando de estos procesos donde la obra está siendo creada—en el momento en que pudimos más o menos, provisoriamente, fijar alguna premisa que organice el material, allí empieza a aparecer la presencia de estos colaboradores para poner en discusión esas premisas. A mí me sirve como miradas vírgenes que vienen a poner en discusión eso que nosotros estamos organizando. Entonces aparecen perspectivas nuevas. Yo trabajo con un iluminador desde hace ya unos cuantos años que se llama Matías Sendón, y Matías tiene una mirada muy integral respecto al hecho teatral, no solamente desde la iluminación, entonces es como una mirada cáustica. Yo sé que cuando viene Matías me voy a ir deprimido. Es así y es bienvenido, porque la idea es ver qué es lo que registra su mirada y que ha escapado de la tuya; en realidad la obra se hace de esto, de los restos que quedan, de lo que no se puede disolver, la obra queda hecha de eso que soporta las miradas.

Gustavo: *¿Tienes tendencia a hacer un teatro con caja a la italiana, frontal o te gusta experimentar con el diseño espacial?*

Román: En general, mi carrera la he hecho en teatros independientes, entonces el espacio allí es muy maleable y tienes que vértelas con galpones o casas viejas haciendo uso de las posibilidades y del potencial que dispara eso. Me gusta transitar eso, hacer uso de ese potencial.

Lola: *¿En qué medida te impacta, tomas en cuenta la crítica periodística y/o académica?*

Román: Es un diálogo, es efecto del trabajo, quiero decir, es lo mismo que cuando invito a gente a ver el ensayo: con el paso de los años fui aprendiendo a tomar de lo que se dice qué me sirve a mí en función de lo que estoy haciendo y quiero probar. Es decir, a discernir entre ciertas cuestiones que son objetivas, o que pretendo como objetivas o inherentes al trabajo y otras que forman parte de la subjetividad y los gustos del otro; atendibles, respetables pero no necesariamente en sintonía con mi búsqueda. Ese es un poco para mí el criterio de escucha y de recepción. A mí me interesa mucho la crítica y en particular la del espectador, qué es lo que ve y qué es lo que le hace imaginar, y poder discriminar entre estas dos cuestiones; es decir, qué es lo que efectivamente se está viendo, qué recorte está haciendo el espectador y a dónde lo dispara eso. Y cómo esa cuestión juega con las propias expectativas que uno tenía acerca de lo que el espectáculo iba a poner en juego y lo que efectivamente es reconocido. En ese diálogo de perspectivas siempre hay cuestiones que enriquecen el trabajo. En general soy abierto a las miradas. Leo las críticas, tengo relación con críticos, no me ofendo—hay gente que se pone a la defensiva y se ofende, se ataca o se siente atacado, cierta paranoia, pelea por eso, no es mi estilo. No es mi estilo en general, no solamente con la crítica. En general tengo un estilo más de colaboración.

Gustavo: *Y la promoción del espectáculo. ¿te importa, te interesa, te involucras?*

Román: Sí, claro. Hoy las redes sociales son una herramienta muy fuerte para la difusión, me ocupo de mandar mails, subo a mi Facebook, permanentemente estoy invitando a los actores para que eso tenga recorrido; cuando tenemos presupuesto y en general es un aspecto a tener en cuenta, se contrata un agente de prensa. Uno hace un trabajo y después quiere que sea visto. Todo lo que apoya eso está bien.

Gustavo: *La última pregunta. ¿Hay alguna pregunta que siempre quisiste que te hicieran como director y nunca te han hecho? ¿Algo de lo que quisieras hablar y nunca te dan la oportunidad?*

Román: No.

Gustavo y Lola: *Muchas gracias por la entrevista.*

Román: Gracias a ustedes.

DIEGO STAROSTA

Realizada el 9 de junio de 2015

Lola: *¿Qué es dirigir?*

Diego: Entiendo el objeto teatral y a veces pienso también ese modelo basado en el actor, como un objeto estratificado, es decir, dividido en planos, en muchos planos—podríamos nombrar los conocidos—pero no importa cuántos o cuáles son, lo que importa es que siempre yo organizo un objeto en relación a estos estratos. Para mí la labor del director, o *mi* labor como director, es crear las relaciones y la trama entre esos diferentes planos. Lo primero que hago es generar las condiciones para que esos planos se desarrollen. Y una vez que esos planos tienen cierto desarrollo, a la manera de pequeños plantines, generar la relación entre esos estratos. Entiendo la creación del director en función de esta operación de generar el tejido, la trama, no como una transcripción de algún otro elemento externo o una representación de nada. Una obra tiene muchos niveles...

Lola: *¿Podrías mencionar algunos de esos niveles?*

Diego: Sí. Podría hablar de tres niveles. El nivel dinámico, de la dramaturgia dinámica, que tiene que ver con lo sensorial, con lo que Barba llama lo pre-expresivo, que opera más sobre el cómo de las acciones. La dinámica de la dramaturgia narrativa que tiene que ver más con el qué, el significado de las cosas. Y Barba nombra también un nivel evocativo, que eso ya pertenece a la organización dramatúrgica del espectador, que está ligado a su mundo de representaciones, etc. Para mí esos serían niveles. Y los planos, que son los estratos que hay en una obra, son los que tienen que ver con la dramaturgia de las acciones físicas del actor, la dramaturgia de las acciones vocales del actor, la dramaturgia de los objetos en una obra, la dramaturgia del vestuario, de la luz. Si bien, obviamente, y ésa es la tarea del director, crear las relaciones, que todo esté tramado, tejido, luego viene 'texto también, yo trato de ver esos planos de alguna manera, al principio, en forma independiente, darles un valor de independencia en el análisis o en la concepción o en la hipótesis, y en la creación, para después ponerlos a trabajar. Para mí dirigir es construir las relaciones en la trama. Dirigir a un actor es para mí construir las relaciones dentro de los estratos del actor. Dentro del actor también hay niveles; veo al actor como un sujeto-objeto estratificado, donde yo puedo observar la calidad de las acciones físicas, las relaciones de las acciones físicas con el espacio, con el tiempo, la utilización del actor con los objetos, todo el desarrollo de la dramaturgia vocal del actor. Antes lo nombré en relación a la obra, al objeto-obra, pero entiendo el sujeto actor, como una acumulación, un sujeto homogéneo producto de un montón de estratificaciones. Entonces, mi tarea de dirigir, lo que yo concibo como mi acción de dirigir, tiene que ver con, primero, generar las condiciones originales de cada uno de esos planos y, segundo, poner esos planos en relación.

Gustavo: *En este sentido, te hago dos preguntas, creo que hay que hacerlas juntas: ¿cómo seleccionas el elenco y qué tipo de preparación del actor facilita tu trabajo?*

Diego: Hasta ahora mi experiencia como director, salvo en algunas pocas ocasiones, siempre ha dependido de mi labor en mi compañía, El Muererío Teatro, y las selecciones han partido más por el interés de la disposición ética de una persona para el trabajo; mis actores generalmente los he elegido de mis talleres o de afuera, de una situación externa a mis talleres, pero con alguna referencia o conocimiento ya específico en relación a mis intereses como director, porque—respondiendo a la segunda pregunta—mi concepción para abordar un trabajo es larga y requiere un tiempo de creación de lenguaje o adecuación a la construcción del lenguaje de la compañía y a la adecuación del lenguaje para el espectáculo en particular. En mi situación en Buenos Aires, siempre esto ha sido para mí como una especie de dicotomía porque creo que hay muchísimos, muy buenos actores, muy experimentados que a veces con mucho más renombre o experiencia de los actores que yo he convocado, pero que no tienen—por el modelo de producción de Buenos Aires—tiempo, y yo necesito básicamente, como director, tiempo. A veces he relegado alguna experiencia o alguna capacidad en relación al tiempo. ¿Cómo elijo a mis actores? Podría volver y decir que necesito gente que tenga tiempo para ensayar, más allá del modelo de producción en el que nos insertemos.

Gustavo: *Me refería más a alguna técnica actoral, como creo que aquí en muchas escuelas de teatro en Buenos Aires, como en otras partes de América Latina, hay una base en el Sistema de Stanilavski...*

Diego: No busco gente con una técnica cerrada. Mi formación tiene que ver con un maestro de aquí que se llama Guillermo Angelelli; en realidad comencé a estudiar con Daniel Casablanca, quien me transmitió la formación básica de la estructura de la pedagogía de Lecoq, es decir, bufón, máscara neutra, clown y tragedia, pero mi maestro principal ha sido Guillermo Angelelli, quien se formó con una de las actrices del Odin Teatret de Eugenio Barba, Iben Nagel Rasmussen, y yo a través de él y el trabajo con él, me acerqué mucho a este grupo danés. A través del Odin, me acerqué a Eugenio, con el cual mantengo una relación, me adentré mucho en la práctica y teóricamente en los maestros del siglo XX. Mi aventura en la historiografía teatral es a partir de Eugenio. Sin embargo no soy "sucursal", no creo que el Odin Teatret sea una técnica; ellos son un enclave y una tradición teatral. Trabajé y trabajo mucho en esa línea, pero no la considero una técnica. Aprendí los principios de ese trabajo, no replico formas; es verdad que en mi desarrollo vos podés identificar un proceso de imitación hasta el momento en que comienzo a lograr cierta independencia. Seguro que todavía tengo algunos elementos que me han influido, pero mi tradición tiene que ver con eso. Lo que sí te puedo decir es que no la nombro como una técnica cerrada sino como una definición parecida, coherente con un director occidental, que tiene que ver con tomar algunos principios técnicos de muchas escuelas o tradiciones y buscar la síntesis.

Gustavo: *¿Cuánto tiempo estuviste en la India?*

Diego: Estuve cuatro meses; fui a hacer un estudio teórico-práctico sobre los principios teatrales de las danzas clásicas hindúes. No a traer las danzas clásicas hindúes, no a hacer antropología barata, no a hacer antropología cultural—que a veces se confunde la antropología teatral con eso—no fui a buscar exotismo. A mí me fascina el teatro de Oriente, me parece una cosa increíble, como me fascina también el carnaval de Oruro, aquí en Sudamérica, cualquier tradición que está alejada de mis conocimientos. Pero no sé si haría una obra a partir del carnaval de Oruro. Sí me interesaría trabajar a partir de los principios que pudiera encontrar en la técnica de sus actuantes, en los principios pre-expresivos o pre-escénicos en las culturas andinas. Entonces a la India fui a buscar eso. Soy un estructuralista, a mí me interesa el atrás de las cosas y si bien me formé a partir de unos ejercicios específicos transmitidos de Iben a su discípulo Guillermo y de Guillermo a mí, más otras cosas que fui aprendiendo y creando, mi trabajo, mi técnica está enfocada en trabajar el equilibrio entre el aspecto de la dramaturgia dinámica del actor y la dramaturgia narrativa. Yo no me enfoco nunca, o no me puedo enfocar solamente, en *qué* transmite el actor sino en *cómo* hace el actor para transmitir ese *qué*. Y acá se presenta un problema importante según mi parecer: en general, se observa muchas veces en el teatro de Occidente, que el trabajo del actor está muy enfocado en el *qué*, en la psicotecnia que va directamente de la intención del actor al resultado del espectador. Cuando yo trabajo, me intereso mucho en la información dinámica que propicia un actor, que después, obviamente, va a tener que sostener una información narrativa. Sucede a veces esas polarizaciones: o se trabaja solo sobre el *qué* o se trabaja parcialmente sobre el *cómo*. Hay muchos ejemplos de malos aprendizajes de diferentes técnicas, ya sean barbianas, grotowskianas, meyerholdianas, stanislavskianas o brechtianas, donde se quedan en la superficie y particularmente en relación a estas cuestiones de la dinámica, donde terminás viendo solo ejercicios físicos y eso es un riesgo. Busco lo opuesto a terminar viendo solo significantes y significados vacíos.

Gustavo: *¿Cuánto dura uno de los proyectos tuyos para llegar a un espectáculo? ¿Partís de un texto tuyo, lo llevás a los ensayos, o se va elaborando el texto durante el proceso de ensayos?*

Diego: No ha sido siempre igual. Hasta ahora, no; trabajé mucho al principio, en mis primeros espectáculos, con literatura, pero no literatura dramática; textos adaptados al teatro por mí, pero no versionados, en el sentido de hacer una versión de una obra literaria, sino utilizar la palabra literaria o poética de determinados autores. Además, a partir de esta idea de que pienso los niveles de dramaturgia independientemente, la palabra es para mí un nivel muy importante, pero que no debe operar como elemento a ser representado. A pesar de que ahora trabajo con algunos autores dramáticos, la literatura para mí es más rica que la literatura dramática, nivel del trabajo para puesta. Leer a Shakespeare es para mí la literatura máxima; a Shakespeare lo quiero hacer, pero quiero decir que hay mucha literatura dramática que no me interesa porque justamente está escrita para la escena. No es que no me interese porque la juzgue como mala, al contrario. ¡Qué voy a juzgar yo de la maravillosa literatura dramática de la historia de este mundo! Pero hay algo en el tipo, en el género de la literatura dramática que a mí no me interesa mucho para llevar escena. He trabajado con textos literarios, adaptándolos pero en un contexto determinado, utilizando las palabras propias de los autores, en varias obras mías. Pero después, desde hace un tiempo también he intervenido textos escritos previamente por algunos autores dramáticos, tratando de no representarlos de forma cerrada sino de dialogar con ellos. De hecho estoy ahora con un proyecto que me interesa mucho sobre una obra de Florencio Sánchez y mi concepto es el de diálogo con el autor; no el de destrucción, no de obsecuencia representativa, ni representación de un modelo que pertenece a otro contexto, a otra historia. Me preguntabas cuánto dura un proyecto: hice un espectáculo sobre un cuento de Kafka, que es un unipersonal; lo hice durante quince años y fue uno de los espectáculos más ricos, que fue producido en un mes. Es verdad que había un trabajo anterior, previo. Pero eso fue una excepción. Creo en el tiempo largo para encontrar profundidad. Entonces, si me lleva un año… Es posible que el tiempo de ensayos pueda ser menor que un año, pero con el trabajo previo que le agrego al tiempo específico del montaje de la obra, es normal que tarde un año o más.

Lola: *Cuando empiezas el proceso de ensayos, ¿qué tienes en tu cabeza o que ha quedado de ese texto literario del que estás tratando de tomar su palabra para pasarla al escenario?*

Diego: En general, si trabajé con Kafka o como en *El banquete*, que trabajé con *El matadero* de Echeverría, el texto de la obra estuvo escrito previamente y ese texto está pleno de elementos del texto de Echeverría. Llego al ensayo con el texto escrito pero puedo modificarlo. He trabajado con las palabras literarias, no el texto de la obra. El texto de la obra es algo que yo voy a desarrollar en la puesta. El texto literario, sea que provenga de la literatura dramática o sea que provenga de la literatura en general, ha estado escrito previamente. Por ejemplo, para *En familia*, hicimos una adaptación respetando mucho la estructura, porque por supuesto quiero hacer la obra de Sánchez, pero yo entro al ensayo con ese texto. Con el autor, con el dramaturgo que estoy trabajando—no hice yo la adaptación—tenemos la primera versión sobre la cual estoy montando, pero puede sufrir correcciones. Al ensayo llego con el texto literario, como llego con mis ideas para el trabajo de la dinámica de los actores, como llego con las ideas para el espacio; no quiere decir que esté cerrado. No he hecho, hasta ahora, ninguna obra donde yo haya desarrollado el texto literario en ensayo.

Lola: *Ni tampoco la dramaturgia de la dinámica.*

Diego: A veces sí, he partido de lo que llamo "la esencia dinámica", que se refiere a cuál es el lenguaje dinámico de actuación que quiero para esta obra. En general, llego al montaje ya con los actores habiendo recorrido esa dinámica, porque es posible que pensemos adaptar esa dinámica a las acciones necesarias para la obra.

Lola: *¿Y cuánto les cuentas a los actores lo que se va a hacer?*

Diego: En general, trato de contarles mucho; yo trato de llegar a mi obra con mucha información teórica; si me meto con Sánchez, me voy a poner a estudiar Sánchez en profundidad. Si me metí en el trabajo de manipulaciones con una premisa dinámica para el trabajo de los actores, una premisa de trabajo sobre las acciones físicas, voy a investigar mucho no solo en la sala, con el cuerpo, con el cual trabajo mucho, sino que voy a buscar similitudes teóricas en los libros; inclusive en las manipulaciones trabajamos mucho con algunos conceptos del poder en filosofía, en relación a la idea de manipulación, que estaba planteada sólo para la dinámica del trabajo escénico. En cada área, lo que voy a hacer es tratar de juntar el mayor material que me sea posible para mi trabajo y para compartirlo con los actores, aunque a veces no me da el tiempo para hacerlo. La verdad es que haría mucho más teoría de la que hago, como investigación, porque esos elementos me nutren y porque además está en la concepción de mi creación. Ahora voy a hacer Florencio Sánchez; la propuesta tiene que ver con una dinámica de actuación que elegí basada en un tipo de manipulación específica; voy a hacer Florencio Sánchez porque asocio la obra con un contexto determinado que esta más allá de aquel en que fue escrita. Empiezan a cruzarse varios elementos que tienen que convivir en la puesta. Entra aquí de vuelta la definición de la tarea del director que es lograr que esos elementos que, aparentemente, en mi propuesta son disímiles, a veces muy disímiles, tengan cierta coherencia espectacular o de objeto único.

Lola: *De esos textos que tomas para hacer tu puesta en escena, ¿puedes decir qué finalmente queda de ellos? ¿Qué es lo que atraviesa a todos esos textos que eliges para tus puestas? ¿Qué crees que es lo esencial que tienen esos textos para que los trabajes en tus puestas?*

Diego: Cuando me acerco a *El matadero* de Echeverría, por ejemplo, me acerco desde un lugar de investigación, de búsqueda. Quedan elementos que definen un poco esa obra, ese objeto. Creo que quedan las esencialidades. Pero para mí lo interesante de mi propuesta es ofrecer otro punto de vista, otra mirada. Con *El matadero* no me planteé decir algo diferente al concepto de civilización *y* barbarie o civilización *o* barbarie pero si crear un cuestionamiento al mismo y ponerlo en un contexto diferente.

Gustavo: *Estos procesos, que parecen ser bastante largos, ¿cómo los produces? ¿Tienes productor? ¿Cómo se financian?*

Diego: Yo soy, en general, productor general de mi compañía, y he financiado mucho los trabajos con dinero de mi bolsillo. Cada vez produzco mejor dentro de la escala del teatro independiente, en el sentido de que ya no pongo plata, sino que logramos los recursos, con subsidios estatales y con algunos aportes privados. Ahora, por citar otro ejemplo, empezamos a hacer un espectáculo con poesía de Gelman, que nos permita recaudar algunos fondos para el espectáculo más grande, que es *En familia*. Con el libro que publiqué en 2013,[5] inauguré la utilización de un *crowd funding*, que son unas plataformas de financiamiento colectivo que existen en la web y muy difundidas en Estados Unidos. Básicamente empezaron en Estados Unidos y los montos que logran allá son increíbles. Planteás en una plataforma web un financiamiento colectivo, en la que convocás a gente que te ayude a apoyar tu proyecto a cambio de cierta recompensa. Es muy interesante para pensar la relación entre financiamiento colectivo y teatro. En Estados Unidos hay campañas de gente que pidió $20.000 y terminó recaudando dos millones de dólares, ya sea para sacar un disco, para hacer una obra o para escribir un libro. Está volcado a las artes. Con el libro me fue muy bien, pero no llegué al objetivo, porque me planteé un objetivo muy alto en dinero aunque hice una campaña muy buena. Es un recurso interesante, que hoy usa no mucha gente, pero que lo están empezando a usar. Pero la verdad es que a pesar de que mi compañía trabaja muy profesionalmente, es muy difícil de sostener económicamente y por ello en los otros aspectos también. Es realmente un desvelo para mí, cada vez más, por fuera de lo que sería una producción comercial, trabajar para lograr recursos genuinos. Porque a pesar de que vos también trabajes muy exhaustivamente, y yo lo hago, el medio estructuralmente no da. Por ejemplo, hago una obra en teatro independiente, y si voy a hacer en una sala de 60 espectadores, o menos, digamos 50, una función por semana, aunque me vaya bárbaro, no me da el número para cerrar. Trabajo para también salir de ese sistema. Ojalá que haga una obra que luego pueda hacer dos o tres funciones por semana. Kartún es un buen ejemplo dentro del teatro independiente, que logra salir o quebrar un poco algunos problemas de la estructura del medio, a partir de objetos muy bien producidos. Hay gente que también logra pasar con objetos más mediocres. A mí me cuesta mucho. Los subsidios son lo

---

[5] Se refiere a *Los pies en el camino*, libro editado por Diego Starosta y Mauro Oliver (Buenos Aires: Industrias Culturales Argentinas, 2013), en conmemoración de los 15 años de existencia del grupo El Muererío Teatro.

primero que está a mano; pero pienso mucho en eso, tengo mucha consciencia de lo que es el rol del Estado en la política pública. Nunca pensé que es un dinero que me "tienen" que dar a mí como muchos artistas piensan; es un acto de gran responsabilidad cobrarlos, aunque sean dos pesos. Estoy todo el tiempo pensando en cómo puedo financiar mejor.

Gustavo: *¿De dónde sale la palabra 'muererío'?*

Diego: Es una palabra de Juan Gelman. Un gelmismo (*Risas*). Es una palabra que está en una poesía de uno de los libros que más me gusta de entre toda su obra partir de ese libro hicimos el primer espectáculo de la compañía. Son textos a los cuales yo vuelvo siempre. De hecho ahora, estamos preparando un nuevo espectáculo, que se llama *Melody Spring*, es una especie de homenaje a Gelman, basado en esos textos que son *Los poemas de Sidney West*. En sólo algunos de ellos, claro, porque son como 45 lamentos. Esos textos literarios los usé, primero, en una obra de 1997, que se llamaba *Lamentos*, que hablaba un poco de los marginados, de los desdichados, los excluidos de la vida y estaba organizada alrededor del vía crucis de Jesucristo. No soy cristiano, soy judío, pero no soy religioso. Ahí estaba la *Biblia* y la concepción de los pecadores sufrientes, estaba Gelman con unos lamentos muy particulares, un poco paganos. Gelman hablando de la traducción, con unos poemas que los escribe a partir de un heterónimo norteamericano que es Sidney West, unos cruces tremendos. Después esos textos los usé en el 2006 en una obra que estrené en el Teatro San Martín, obra de mi compañía, pero producida por el San Martín, en la que contaba nuestra historia del siglo XX a partir del golpe de 1930 hasta en de 1976. La historia de los golpes de estado: yo planteaba que nuestra historia no era una historia interrumpida, sino una de continuidad construida por las interrupciones de los golpes de estado. Los textos de Gelman eran las voces singulares de esas interrupciones.

Gustavo: *Cuando llevás la obra de gira, ¿cómo es tu relación con el nuevo espacio? ¿Adaptas la obra? ¿Tienes exigencias máximas o mínimas para moverla?*

Diego: No me interesa (esto es ideológico, relacionado con el gusto estético) adaptarme a un espacio, hasta ahora claro; no quiere decir que nunca lo voy a hacer. Nunca me interesó la tendencia—y no porque esté mal, me parece genial—de intervenir un lugar; a mí lo que me importa es crear un espacio independiente para la obra. No he viajado mucho internacionalmente, salvo con mi obra más pequeña en terminos de escenografía pero acá en la Argentina he viajado con las otras obras, más grandes, y siempre la exigencia ha tenido que ver con que entrara el dispositivo que había creado para esa obra y que la relación de espectador-obra fuera coherente. Las exigencias han sido siempre, y son, técnicas con relación a la situación de perceptibilidad del espectador y a que el dispositivo quepa en el espacio elegido.

Gustavo: *¿Tienes tendencia a usar el formato a la italiana, frontal? ¿O te gusta explorar otra distribución del público?*

Diego: No lo pondría como generalidad. Hice un espectáculo, *La boxe,* en el 2001 que fue para mí realmente muy importante Era un espectáculo sobre el mundo del boxeo, que partía del cuento "Torito" de Cortázar, y que también tenía otras intertextualidades muy amplias. El espacio escénico era una deconstrucción de un ring de boxeo, era un ring alargado de 9 metros por 1, 60, y la gente se ubicaba al costado, a ambos lados de ese ring. Allí estaba utilizada la bifrontalidad, que tenía un sentido, y aparte era un espectáculo que podría poner acá, en este departamento, era muy autónomo. Sin embargo, a pesar de que he experimentado diferentes disposiciones espaciales, mayormente mis puestas han sido frontales.

Lola: *Cuando actúas y diriges, ¿cómo haces?*

Diego: Ahora ya me corrí un poquito de esa doble tarea. No es que no lo vuelva a hacer, de hecho tengo ahora en mente un espectáculo con esa dinámica. Pero para responder rápido y en relación a lo que ya dije sobre qué es para mí dirigir, la clave es que cuanto más he dirigido y actuado al mismo tiempo, más abono la idea que está bueno separar eso. Lo que defiendo en ese trabajo doble, es que yo he encontrado una manera que me ha dado mucho placer y que ha tenido un buen resultado afuera. Para mí lo fundamental ha sido siempre, escrito o en la cabeza simplemente como imagen, tener bien en claro, diferenciada, la dramaturgia del actor de la dramaturgia del director, en todo sentido. Y eso es lo que señalaba un poco antes, que a veces para mí se confunde en la manera de trabajar en nuestro medio. Un director muchas veces dirige transmitiendo al actor las ideas que quiere transmitir al espectador; creo que el director tiene que transmitir algunas ideas específicas para que el actor construya su dramaturgia como actor; después le puedo explicar lo que quiero como director en el sentido del mensaje al espectador. En *En familia*, por ejemplo, estamos trabajando la idea de la adolescencia y quiero que ellos entiendan este concepto diseccionado al espectador, pero para las imágenes o las marcaciones, no les digo "vos sos un adolescente, vos te tenés que comportar como un adolescente"; estoy construyendo acciones o premisas muy concretas para que el resultado del actor se asemeje a lo que yo podría llamar la adolescencia. La dramaturgia del actor es lo que él tiene que hacer para organizar sus acciones físicas, vocales, objetales, cuáles son los estímulos concretos que sostienen su accionar que no están directamente ligados a los míos como director. Poseen el mismo objetivo, pero ahí ya soy yo el que manda, el abogado soy yo, el que va a defender al espectador soy yo. Por eso mismo, paradójicamente, el actor puede tener muchas libertades. No sé si fue claro. A los actores, en cuanto a lo que tenemos que transmitir, no les pido que se comporten o que tengan imágenes adolescentes, sino que he creado algún dispositivo que se asemeja, pero les pido que busquen o traigan imágenes muy personales—no íntimas, sino propias—que no tengan nada que ver con la adolescencia y que sostienen sus acciones. Mi tarea como director es componer esas acciones externas, visibles, esos resultados expresivos en función de mi deseo, de mi dramaturgia como director. Y mi dramaturgia como director está atenta a la dramaturgia del autor, ya sea con un texto literario o con un texto dramático, escrito previamente o no. Siempre trato de mantener en claridad esa diferencia entre las dramaturgias, obviamente para hacerlas convivir.

Gustavo: *En los ensayos, cuando estás dirigiendo, ¿sientes alguna diferencia en relación a actores o actrices? ¿Es más fácil o más difícil dirigir a unos u otras?*

Diego: ¿En relación al género?

Gustavo: *Exacto.*

Diego: No.

Lola: *¿Hay algún aspecto en el que el tema de género entre en tu consideración? Aunque no sea primario…*

Diego: No. Quizá yo lo podría considerar primario, pero no creo que sea primario. Me hubiera gustado darle más importancia. Ha sido un tema que sin ponerlo en primer plano ha tenido mucho que ver con el desarrollo y con el pensamiento ligado a la especificidad de un trabajo dinámico, accional, físico, que es el de las manipulaciones. Porque la primer obra que hice con eso fue una versión de *Bacantes*, una residencia en el Instituto Universitario de Arte, es decir, en la Universidad, y lo que hicimos fue tomar *Las Bacantes* de Eurípides y hacer una crítica; de hecho introdujimos—con una actriz que fue mi asistente, que también escribió el texto—un personaje que se llamaba La Mujer Crítica, que hacía observaciones sobre los problemas de la cultura logofalocéntrica en la Grecia antigua. No con el fin de criticar a Eurípides, como hay ya mucho en la literatura, cómo se lo ha denostado, sino con el fin de señalar desde una visión contemporánea el pensamiento de otra época, respetando que aquél era un contexto diferente y una cultura diferente. Luego, con otra obra de manipulaciones. *Tu cuna fue un conventillo*, si bien no se ve del todo, el uso del contacto físico intenso en las manipulaciones, para mí remite también un poco a señalar algo de la misoginia, de la violencia de género, de la vivencia en general, del machismo presente en el sainete. No con el objetivo de decir que Vacarezza y todos los saineteros eran unos racistas, misóginos y unos violentos de género, pero realmente vistos desde una perspectiva nuestra, hoy, contemporánea, claro que el sainete es la muestra más cabal de una cultura y esa cultura era claramente misógina, igual que ahora, pero menos cuestionada. Hay algo en la operación concreta del trabajo con la técnica que, como te decía, no es solo la investigación con la dinámica, la pura antropología del trabajo del cuerpo y de la voz, sino algo ligado también a la temática.

Gustavo: *Y pasando ahora al género teatral, ¿con cuáles subgéneros sientes más afinidad? ¿El drama, la tragedia, la comedia, el sainete...? ¿Con cuál te sientes más identificado?*

Diego: No te podría decir que me siento identificado con un género; sí en cambio con un nivel de análisis personal, que es autorreferencial, producto de mi trabajo, siento que tendría que trabajar un poco más la comedia, para usar un término generalizador; trabajar un poco más con la gracia, con la comedia, con la parodia. No es un deseo nada más, es respuesta a un análisis que está ligado por supuesto a mis neuras personales, como todo en nuestra vida, pero está ligado también a una evaluación de lo que he trabajado hasta ahora. Hay para hacerse un festín conmigo, como con cualquier otra persona; la compañía se llama El Muererío Teatro, y yo nunca lo hice directamente pensando en la idea de muerte, pero hay algo medio tanático en mi vida y en mi trabajo teatral que es atravesada, sin querer dejar lo tanático de lado, la idea de trabajar cierta cuestión opuesta, por lo menos en la superficie, porque por ahí desde la comedia puedo trabajar este aspecto con mayor profundidad. Sigo siendo un poco directamente proporcional y tendría que empezar a ser un poquito más inversamente proporcional.

Gustavo: *En relación a lo que dices, ¿cuáles serían tus filiaciones estéticas? ¿Estás más ligado al realismo?*

Diego: No. Ha ido cambiando, porque trabajo con un dispositivo actoral y traté de que se aleje de la representación de lo que sería la realidad cotidiana de cada momento. Cualquier cuerpo en un escenario va a ser siempre extra-cotidiano, más allá del género que trabajes. A mí me interesa realmente que eso esté claro. Voy en la búsqueda, y va cambiando esa búsqueda. De hecho hoy, la manera en que estoy nombrando lo que estoy buscando a partir de las manipulaciones, que es un sistema de actuación que yo podría definir por fuera del realismo, es una especie de "realismo desmesurado", o de naturalismo desmesurado, adonde se pueda leer, decodificar claramente un conjunto de acciones y de signos en el cuerpo, en la voz, en la palabra, pero que al mismo tiempo tenga en todo momento como un corrimiento de lo que pudiera ser un comportamiento reconocido en lo humano. ¿Me explico? No puedo ponerle nombre. En principio, esto parece indicar que estoy lejos de una idea de un teatro naturalista, pero, sin embargo, siento que en realidad busco algunas dilataciones de ese lenguaje.

Lola: *¿Podrías decirnos, concreta y claramente, en qué consiste la técnica de las manipulaciones?*

Diego: Cuando me dijiste todas esas palabras, ya se genera lo opuesto; siento una cosa entreverada (*Risas.*). La manipulación que uso es un dispositivo de actuación perteneciente a eso que yo llamo la esencia dinámica—dinámica porque busco la esencia de esa dinámica en el cuerpo; quiero decir, sé que no está *solo en* el cuerpo, pero yo la voy a buscar allí primero—y está ligada a la idea de manipular un cuerpo, un cuerpo entre otros cuerpos, la manipulación mutua entre los cuerpos de los actores; la manipulación concreta, material, porque por supuesto existe la manipulación psicológica o sin contacto. Es un dispositivo de actuación basado en el contacto físico entre dos cuerpos o más, y que pretende que el centro, el punto de equilibrio esté siempre en el medio. Esto que se convirtió en los últimos trabajos en una pequeña técnica o un lenguaje que soporta las acciones físicas y vocales, porque sobre esas acciones yo trabajo las acciones vocales, devino en un trabajo muy representativo de la actuación en general. Porque cuando vos hablás del trabajo de dos cuerpos en contacto es la metáfora perfecta del trabajo de dos cuerpos en el escenario. Cuando trabajás sobre la metáfora del peso, una vez que entendés muy bien el peso en contacto, si separás un cuerpo de los actores, vas a poder entender lo que debería pasar entre dos actores con su peso aunque estén distanciados. Lo que me fascinó primero fue su resultado visual, pero terminó convirtiéndose en otra cosa; de hecho lo uso mucho para lograr objetivos que no tienen que ver con mostrar ese recurso. Trabajo mucho en el entrenamiento el contacto físico y las fuerzas opuestas en el cuerpo para poder entender la idea temprana y básica del drama del teatro. Lo que busco en la base de la obra, para mí el drama está no sólo en el conflicto de la obra y en el análisis (está por supuesto ahí también), sino que tiene que empezar primero entre las líneas del cuerpo del actor, después del actor con otro actor, después de esos dos actores con un tercero. Este laburo de manipulaciones, más allá de que lo he utilizado como un recurso que construye lenguaje escénico, se convirtió para mí en una especie de definición del trabajo actoral-teatral por excelencia.

Lola: *Aunque no se muestra en la escena, como en tus primeras obras, igual lo sigues usando en los ensayos.*

Diego: Claro. De hecho, en *En familia*, la obra que estamos ensayando ahora, hay mucho trabajo de contacto, pero es muy diferente a la anterior y es como va evolucionando también. En cada obra que he producido te podría decir cuál fue la esencia dinámica, y esto no quiere decir que yo estoy creando un lenguaje único, particular. Ni que inventé nada. Muchas cosas que he creado seguro que se asemejan a otras, y la verdad es que mi voluntad o mi deseo no está en "descubrir la pólvora", sino en construir *mi* pólvora, encontrar mi propia originalidad. Y más en un contexto histórico donde la idea de vanguardia para mí está un poco mal utilizada y manipulada en el sentido de una desesperación por la creación de la originalidad. En la creación de cada una de esas esencias dinámicas siempre ha habido un proceso; no es que se me ocurrió que vamos a manipular los cuerpos como si fueran títeres y nos pusimos a practicar y listo!; ha sido el resultado de un extenso trabajo. En ese sentido soy un estructuralista marxista y materialista, no en el sentido de la ideología, sino en el de tomar realmente la estructura de un pensamiento y aplicarla en lo pragmático del trabajo. Si hacemos una analogía con Vygotski, el psicólogo ruso, sería eso: tomar la estructura de pensamiento básico de Hegel, Marx y Engels, pero no para poner en el discurso ideológico, sino que hay algo en la estructura de ese pensamiento, que a mí me sirve para la estructura del trabajo. En ese sentido, me considero un dialéctico. A nivel de la esencia dinámica, manipulaciones no empezó con manipulaciones. De repente un día vi un espectáculo de Ariane Mnouchkine, que se llamaba *Tambours sur la digue*, donde se trabaja eso, pero hecho con una grandeza que a mí me fascinó. Yo no quería hacer exactamente eso, pero me dio mucha información. Entonces era algo que yo venía desarrollando, de pronto veo que ahí está la relación y establecí la síntesis. Cuando presenté *Manipulaciones* por primera vez, que tuvo relativo éxito, en ningún momento ni me apropié de la idea de una técnica ni me creí que había inventado nada, y más aun, ni lo defino como técnica. Mi técnica está en el pensamiento sobre pensar cuál es la estructura interna que define esta forma externa. Las formas externas cambian, pero como director, mi técnica es entender esa relación de estratificación de la que hablé al principio. En relación a esto que acabo de decir, creo que hay muchos problemas respecto a generar compartimentos estancos a partir de elementos que, en realidad, desde una perspectiva —si querés— aristotélica, sería más superficies, accidentes. Las esencias técnicas, en realidad, son muy similares. No estoy intentando igualar todo, pero hay mucha enunciación, auto-enunciación, auto-referencia, mucha escritura desde la academia que separa las diferentes técnicas de forma tajante, cuando no es tan así.. Se obvian las estructuras, los puntos en común. Esta idea de estructura, esencia, y de accidente me interesa mucho en mi laburo. Hay algunos directores que vienen acá y dicen "hago esto", y yo a muchos creo que los refutaría, porque hacen eso en un solo aspecto, la superficie. Pero habría que analizar las propuestas poéticas en sus distintos aspectos, y creo que allí veríamos que existen, muchas veces, varios puntos en común entre diferentes directores o propuestas escénicas.

Gustavo: *La figura del espectador, cuando estás trabajando en un proyecto, durante los ensayos, ¿tienes un modelo de espectador, un cierto perfil, de tipo local, más internacionalizado, de cierta edad, género, clase, raza? ¿Hay una imagen de espectador posible que interfiere o interviene en tu toma de decisiones como director, que participa en la construcción de tu espectáculo?*

Diego: Sí. La idea de pensar en el espectador está desde el comienzo, pero difusa. A veces he podido identificar realmente sus características y a veces no. Lo que sí tengo muy claro, lo que sé es que con la compañía he trabajado en el circuito independiente. Creo más o menos saber qué tipo de espectador tengo; es un espectador que puede decodificar, que tiene cierta formación teatral, que puede producir algunas abstracciones y algunas asociaciones, que tal vez un espectador común o una persona común no podría. Pero desde el trabajo que yo vengo haciendo, por experiencia, por acumulación, y ligado también a esa necesidad de ampliar un poco mis campos de producción, creo que el circuito off se ha limitado. Empiezo también a pensar en otro espectador. Tengo en vista un espectador que pueda no contar con todas las herramientas con las que cuenta un espectador de teatro independiente y aun así pueda transitar el espectáculo que le proponga. El primer anillo estaría marcado por este espectador. Podría preguntarme hoy, dentro de estos planos que estoy marcando, un espectador marginal, alguien de una villa del conurbano, que no tiene experiencia de teatro, qué le presento de atractivo en mi espectáculo. Qué le puedo ofrecer yo a una persona como esta, más allá de que lo mueva o no de su circuito. Y un segundo anillo sería este espectador avezado, ya con un poco más de entrenamiento, los colegas, los investigadores. Pero mi pensamiento hoy está, en ese espectador que esta mas allá de la frontera del off,

Lola: *¿Te interesaría circular en otro circuito comercial más amplio?*

Diego: Si, me gustaría hacerlo con mi material.

Lola: *¿Has tenido oportunidad, la experiencia de trabajar en el circuito comercial?*

Diego: No como director. He trabajado en circuito comercial como entrenador, como asistente; en el circuito oficial he trabajado más como director, como actor y como entrenador.

Gustavo: *¿Cuál es el obstáculo mayor que tienes como director? ¿Cuál es la mayor dificultad?*

Diego: En general, hoy en particular, el problema mayor tiene que ver con la generación y la obtención de recursos para producir un espectáculo. No está ligado solamente a la recepción de esos recursos; está muy ligado también al producto que yo estoy haciendo, en qué medio me encuentro. Como decía antes cuando hablé del espectador, me hago mucho cargo de mí: ¿para quién estamos haciendo teatro, para quién hago teatro? Vengo reflexionando y pensando mucho sobre ese tema, sobre la relación del hacer y los subsidios y el Estado y la producción, pero que venga pensando hace mucho no quiere decir que lo haya resuelto. Mi dificultad mayor tiene que ver con poder obtener todos los recursos necesarios para desarrollar mi trabajo de manera completa. Los recursos para mí y para las personas que trabajan conmigo. No es sólo si me dan o no me dan el subsidio. Sé que voy a obtener el dinero para producir la obra, puede que me cueste un poco más; mi problema es: una vez que puse la obra, ¿cuánta gente viene? ¿Podemos bancarla? ¿Les puedo pagar a mis actores un sueldo? Yo gano dinero; he hecho mi vida como actor independiente. Pero me la he hecho con un montón de otras cosas. Mis actores, no todos viven del teatro; yo soy un poco más grande y estoy un poquito más acomodado, pero también a veces tengo que hacer otras cosas. Mi mayor dificultad es poder realmente vivir económicamente (porque espiritualmente ya lo hago); vivir a pleno con mi proyecto. Hablando en términos económicos, es verdad que la inversión hecha en mi compañía, El Muererío Teatro me ha posibilitado trabajos rentados en otros lugares. Pero mi mayor dificultad hoy tiene que ver con la obtención de recursos directos para mi proyecto y todo lo que eso significa. Quiero que quede claro que no estoy planteando que me cuesta conseguir dinero sino el suficiente para cubrir todos los aspectos de una producción.

Gustavo: *Si te entiendo bien, estás planteando la posibilidad de tener una cierta estabilidad a nivel de recursos que te permita hacer ciertas proyecciones.*

Diego: Exacto. Tener una programación, que mis actores sepan que más allá de las obras que hacemos, cuenten con un sueldo.

Lola: *Eso aquí creo que nadie lo ha logrado, tener una compañía estable...*

Diego: Hay algunos ejemplos; no es una súper compañía estable, pero acá hay un proyecto que yo puedo discutir a veces estéticamente, aunque lo valoro muchísimo: el de Claudio Tolcachir, que generó una compañía, un teatro, es varias cosas a la vez, y que ellos han logrado un sostén económico. No sé cuánto proyectan, pero producen obras, han derribado el límite entre lo comercial y lo independiente. Eso habría que analizarlo desde el punto de vista estético: ¿por qué ha logrado comercializar algún área del teatro independiente, en el buen sentido? En el interior hay muchos grupos que han desviado el objetivo principal de puro teatro artístico, pero a partir de otros trabajos teatrales, como vender funciones en escuelas, han logrado una sustentabilidad mucho mayor, y algunos muy buenos. Conozco un grupo de Paraná que se llama Teatro del Bardo, dirigido por una chica que se llama Valeria Folini, que trabaja mucho, sus trabajos me pueden gustar más o menos, pero son muy valiosos, trabajan mucho en escuelas, han logrado una inserción en la comunidad, han desarrollado varios elementos que hacen que puedan tener cierta estabilidad y continuidad de producción. Y también está el Banfield Teatro Ensamble en Lomas de Zamora, a partir de un trabajo que podríamos llamar menos riguroso, que es un cabaret que muy popular, ellos sostienenuna estructura grande y sus otros proyectos menos rentablesEn mi caso, creo que cada vez produzco mejor para las obras, pero así mismo es para mi una gran dificultad sostener una estructura por fuera de la producción de las mismas. Tengo ahora actores que trabajan conmigo todos los días y saben que nosotros no cobramos por ello lo que deberíamos, y aunque trabajamos para eso, la paciencia de las personas, el desgaste que se produce cuando trabajás un año, dos años, sin cobrar mucho, es inevitable y comienza a influir negativamente en los otros aspectos del proyecto. Es muy difícil congeniar un montón de variables. La plata, uno puede decir lo que quiera, pero es clave. Después, cuando está, podés plantear cómo la utilizás, qué sentido tiene la utilización, si es un fin o un medio; pero organiza. Cuando no está la plata, todo se hace muy remado, los niveles personales se empiezan a confundir mucho más. Algunos problemas del teatro comercial, del off y del oficial son parecidos, pero hay una diferencia: la plata.

Lola: *Tus procesos son muy largos, pero ¿trabajas con fechas fijas de estreno?*

Diego: No sé exactamente si son largos, pero sí, en algún momento ya se pone fecha. También tiene que ver con la vivencia y experiencia de cada uno en cada momento. Hoy soy menos relajado con el tiempo porque no tengo una capacidad de decir que me encierro dos años a ensayar.

Lola: *¿Alguna vez lo hiciste?*

Diego: Sí, algunas obras tomaron dos años, cuando trabajé con *La boxe* y una versión que hice sobre *Juan Moreira*, Me ha pasado en otros momentos en que si uno trabaja libre, la obra pide también tiempo, pide salida. Hay momentos en que decís "voy a trabajar mucho tiempo en una obra", y un lugar donde hay que escuchar un poco; puede ser que trabajes efectivamente mucho tiempo, pero hay momentos en que aparece la necesidad de salir. Ahora, por ejemplo, sé que quiero tiempo y a mí me interesa el tiempo—para mí el tiempo es profundidad—pero fue planeado desde el año pasado que este año tenemos que estrenar *En familia* en el segundo semestre. Y entonces se empieza a poner fechas, nos vamos arrimando a una fecha. Hay alguna planificación, ahora es más así. Antes, arrancábamos el proceso y salíamos cuando yo consideraba que la obra podía salir. Siempre quiero utilizar tiempo, necesito tiempo, no quiero correr, pero escucho ahora escucho más otros aspectos.

Gustavo: *Además está el factor de hacer rendir el tiempo.*

Diego: Claro, totalmente. Además, otra cosa es tener dentro del circuito independiente cinco veces por semana a los actores—que es casi un privilegio que yo tengo, a pesar de que nos cuesta muchas cosas—que tener uno, dos o tres ensayos por semana. Si calculás en horas, es a veces lo mismo. De hecho, hay un mito, como por ejemplo, la gente que dice que el teatro comercial no ensaya; si uno calcula en horas y compara el teatro comercial o el oficial con el teatro independiente, vas a ver que no hay mucha diferencia. Porque el teatro independiente hace procesos muy largos, pero de pocas horas semanales. El teatro independiente trabaja dos años porque no tiene plata para trabajar todos los días. Me refiero a esto porque a veces hay enunciaciones un poco soberbias, del tipo "nosotros hacemos teatro independiente, somos artistas, trabajamos dos años en un proceso". Cuando me preguntan: "¿trabajás largo?", respondo: "sí", porque me gusta el tiempo, pero no porque me crea que lo hago es mejor que lo que hace el otro tipo de teatro. Hay espectáculos que he visto, muy buenos, que se han producido en seis semanas. Conocí a Lluis Pacual, un director catalán discípulo de Giorgio Strehler, un tipo formado en los 60 o 70, con una concepción del teatro de arte pero inmerso en un circuito comercial o estatal rentado y él dice: "yo ensayo cinco semanas, después listo". Muchas cosas que hizo no están bien, pero muchas otras están buenísimas. También tengo muchas experiencias en el Teatro San Martín, de dos meses y medio de ensayo, todos los días, lo que me parece un montón; esos dos meses y medio te rinden un montón o no te rinden nada pero eso es otro asunto.

Gustavo: *Aparte de los maestros que tuviste y que ya mencionaste, ¿qué otros directores te han impactado—no digo 'influenciado' tu trabajo como director, porque a lo mejor nada de ellos hay en tu obra—a nivel nacional e internacional?*

Diego: A mí me impactó siempre—a pesar de que varias de sus producciones no me han gustado—Ricardo Bartís. A veces hago el chiste de que soy uno de los pocos que no ha estudiado con él. Y trato de mantener eso (*Risas*.) Es verdad que hace un par de años, cuando él estaba por hacer una obra que se llamaba *El box*, como yo había boxeado y conozco eso muy bien, me fui a ofrecer, le dije que quería actuar con él, y me dijo: "No, sabés lo que pasa, Starosta, que nosotros acá necesitamos un trabajo previo, ya creé el equipo, te agradezco, no sé si vos podrías acoplarte ahora, pero te agradezco mucho que te hayas ofrecido" (*Risas*.) Nunca trabajé con él, pero vi todos sus trabajos; su primera obra la vi cuando yo no tenía ni idea que iba a hacer teatro, que fue *Postales argentinas*; la vi cuando estaba terminando la escuela secundaria, cuando yo iba a ser biólogo y científico. No vi *La máquina idiota*, pero él me parece un pensador muy importante para nuestro teatro. No sé si ha influenciado directamente en mi teatro, podría quizá encontrar unos puntos comunes... Pero me impactó. Y también me impactaron algunos grupos que ya no existen más, como La Pista 4. Internacionalmente han sido espectáculos los que me han impactado en mi vivencia personal, más allá de la historia, porque si me pregunto qué me impactó, diría Reinhardt, leo las cosas de Reinhardt, o pienso en Appia, pienso en *El magnífico cornudo* de Meyerhold y me dan ganas de haber estado ahí. Cosas que he visto, del Berliner, en un Festival Internacional de aquí en 1997, la versión que hizo Müller de *La asunción y caída de Arturo Ui*; cosas que he visto de Pina Bausch. Viste que acá estamos muy devotos siempre mirando a Europa y Alemania, pero más allá de eso, me han interesado algunas cuestiones del teatro alemán, no las he reproducido, me interesa muchísimo el teatro alemán contemporáneo. Y del teatro latinoamericano, hay algunas cosas que sé, más por la historiografía. Podría decir: ¿dónde está el teatro latinoamericano? Para mí está más allá de un latinoamericanismo barato y originario, porque es difícil rastrear algo de la tradición original, sino un teatro que puede tener influencias pero que es de acá, como fue El Galpón de Montevideo, con Atahualpa del Cioppo, Malayerba en Ecuador, La Candelaria en Colombia, algo de Yuyachkani y Cuatrotablas en Perú, y Ricardo Bartís en Argentina. Obviamente, si bien Bartís—y él defiende mucho esto—está muy arraigado en nuestra cultura, nuestra cultura es externa. Los otros grupos que nombré tienen quizás raíces más autóctonas, pero por una razón obvia de contexto y de desarrollo cultural. Hay cosas que vi de esos grupos, cosas de Yuyachkani y Cuatrotablas, que me atraparon. Por supuesto también las cosas que vi de mi maestro Eugenio Barba, al principio me fascinaron; hoy siento más distancia; quiero decir, tengo mucha cercanía con ellos pero en otros aspectos, pero sus últimos trabajos no me gustan, no tengo la afinidad estética que antes tenía. Pero definitivamente me ha impactado.

Gustavo: *¿Trabajas con asistente de dirección?*

Diego: No, en general, no. Pero ahora tengo un asistente de dirección.

Gustavo: *¿Qué tareas le asignas?*

Diego: Cuando dirijo, leo y anoto; hago muchas cosas cuando dirijo, no estoy simplemente ahí. Lo que le asigno es ser mi ayudamemoria y, en la medida en que voy desarrollando alguna confianza—obviamente, lo elegí por algo a ese o esa asistente—es un interlocutor de consulta. En principio la tarea es que me ayude a estar atento en la sala, a tomar notas; voy marcando, voy construyendo muy estratificadamente, entonces hay que marcar mucho el trabajo que tienen que hacer los actores, pero también a mí me sirve porque es en realidad como una extensión de mis notas. Un asistente es la extensión de mi cabeza; le doy tareas, como dividir la obra en cantidad de personajes por escena. Me muevo mucho en esas cuestiones numéricas. Estructurales. O bien cuántas veces un personaje dijo tal o cual cosa, por dónde entran, no solo en un sentido descriptivo conductista, sino para justamente luego operar sobre eso. La idea del estructuralismo para mí, en mi trabajo, tiene que ver con dominar la estructura para después operar sobre ella, para desordenar. A mí me sirve el orden para desordenar o reordenar. Un asistente colabora conmigo en ese aspecto.

Lola: *Respecto de la crítica, periodística o académica, ¿cómo la tomas, como la recibes, afecta tus proyectos posteriores?*

Diego: En la medida que puedo, leo; he leído mucho, es imposible leer un montón y también leer todo. Más me han impactado los ensayos críticos que las notas periodísticas. Las notas me han influenciado a nivel del ego superficial, cuando es buena la crítica. Hay que diferenciar la crítica periodística que no es lo mismo que la crítica. En algunas críticas periodísticas uno puede diferenciar quién la escribió y observar algún contenido; hoy está muy pauperizado, pero igual sigue habiendo algún crítico interesante en el que uno puede llegar a leer una especie de devolución. En relación a mi trabajo con la crítica, he leído siempre lo que han escrito sobre mí, que no es un montón, y siempre me interesó ese diálogo, siempre he tenido algún contacto, hay personas que respeto muchísimo, una es Lola Proaño-Gómez. (*Risas.*) Otros, Carlos Foz, Araceli Arreche, Cecilia Hopkins, Federico Irazábal, entre otros.

Lola: *Y eso que lees, ¿te hace reflexionar y, en consecuencia, eso impacta en tus futuras puestas en escena o en la continuidad de tu obra?*

Diego: Me ha sucedido. Estoy atento. Siempre en general me ha interesado e impactado, no en un sentido negativo. Quiero denotar que siempre he estado atento a la palabra de afuera, no obsesivamente. Me importa mucho en qué términos se establezca el diálogo. Si vos escribís una nota algo sobre mí, seguro me va a interesar por la información previa que yo tengo sobre Lola; o si leo algo que escribió alguien que no conozco, voy a tratar de tener algún intercambio.

Gustavo: *La promoción, ¿te involucras mucho, te interesa?*

Diego: Sí, y entra dentro de la problemática de las preocupaciones de la producción; en ese aspecto de generar recursos, está ligado esto de cómo uno difunde. Dentro de las posibilidades que tengo, siempre me involucro un montón. Trabajo en la parte de producción tanto como artísticamente, tratando de estratificar, de separar, pero a pesar de que me involucro, trato también de delegar. Ahora tengo una asistente productora y, aunque llevo el control general, tengo una compañera que hace un tiempo que está conmigo y me ayuda no solo en la obra, sino también en el estudio, en cuestiones más cotidianas. Me involucro en la difusión, y si delego, voy a opinar, siempre trato de reflexionar sobre lo que involucra la difusión, que no es solo la difusión sino la comunicación que incluye la difusión. Volviendo a lo que les decía antes, mi saber ha crecido mucho más que mis posibilidades de gestión de recursos. Tengo hoy una mayor sabiduría para trabajar con la difusión aunque mis posibilidades de recursos esta limitada. Estoy en un momento crítico entre saberes y capacidades. No es entre adentro o afuera. Es dentro de mí. Me pasa en la dirección también. Siento que estoy entendiendo muchas cosas de la escena, todo el tiempo estoy aprendiendo—realmente esto no es una frase hecha—y hoy me siento en un momento como director del cual estoy muy satisfecho, estoy muy claro en lo que quiero, se me han aclarado algunas cosas. Sin embargo, hay algunas cuestiones del armado de la producción que no estoy pudiendo resolver y atentan contra mi trabajo.

Gustavo: *¿Hay alguna pregunta que siempre quisiste que te hicieran como director y nunca te han hecho? ¿O algo de lo que siempre quisiste hablar pero nadie te dio la oportunidad?*

Diego: Es difícil. Lo que me interesa mucho, a nivel teórico—y que además para mí responde a una idea muy clásica del teatro—es eso que les contaba del problema que significa el trabajo directo del director hacia el espectador con el actor. Esa intermediación que es para mí necesaria para producir el objeto escénico. Vivimos en un mundo que está lleno de objetos escénicos que tienen un resultado potable, pero que para mí pierden en teatralidad por la literalidad del trabajo en sus distintas facetas.

Lola: *¿Puedes aclarar un poquito?*

Diego: Está ligado a la idea de actuación como representación, con todo lo que eso significa. Estamos en un living, vos estás conmigo y lo único que querés es decirme que me vaya, tenemos que lograr eso. El texto habla al respecto, las acciones que vamos a crear para contar se refieren al tema, y la luz que vamos a poner le da un clima acorde a la situación, los muebles y el espacio escénico están relacionados con ese espacio, el vestuario es coherente y el contexto al cual pertenecen los personajes está claramente definido. El espectador en esta situación no necesita pensar!!! Es una masa que no piensa. ¿Cómo generar un objeto coherente que guíe al espectador y lo involucre en una situación pero que esté lleno de jueguitos artificiales, lleno de dramas, de tensiones? Ahí viene el teatro. Para mí, entonces, el teatro hoy está un poco des-teatralizado. Kartún dice "el teatro teatra". Y eso requiere más complejidad en el proceso de construcción entre el director y el actor con respecto al espectador. Según mi interés, el resultado que el director quiere producir en el espectador no se puede construir literalmente sobre el actor. Con el actor hay que construir formas dinámicas que van a operar sobre el espectador, si, pero por un asociación distanciada de la representación directa.

Lola: *Percibo eso cuando voy al teatro y me ofrecen lo mismo que leí en las noticias o que he visto en la televisión, salgo más pobre, no más rica.*

Diego: Es la relación entre el *qué* y el *cómo* de la actuación. Voy al teatro y veo una discusión entre dos actores-personajes; ahora bien, yo ya decodifiqué rápidamente que se trata de una discusión. ¿El teatro se termina ahí? No puede terminar en la idea, en el mensaje. Entendí de qué discuten, pero ¿dónde está el teatro? ¿En lo *qué* hablan o en *cómo* hablan?

Gustavo: *Por eso siempre les decía a los actores que si yo me pongo de espaldas al escenario y entiendo toda o casi toda la obra, entonces no hay teatro. Hay relato, pero eso puede ser radio. ¿Qué pasa con el ver que constituye el teatro como tal? Si estando de espalda, entiendo el 95%, si no pierdo casi nada, no es teatro. Necesito que la escena me aporte un lenguaje, eso que Bartís llama el relato de la actuación, que es algo más de lo que está ocurriendo en la escena. Es un lenguaje del que no se pueda prescindir.*

Diego: Pero aparte de eso, me refiero a la instancia, entre los directores, entre colegas, de poder hablar de eso. Me pongo un poco biologicista o neurocientífico, pero tiene que ver con entender un poco cómo opera la percepción en nuestro cerebro. Cuando hablaba de lo pre-expresivo en Barba o del *qué* y el *cómo*, eso está ligado a lo cortical y lo subcortical en el funcionamiento del cerebro; el primero, se refiere a los mundos de representación, a lo que nosotros por supuesto, como seres humanos, nunca vamos a dejar de atribuirle sentido como producto de nuestra experiencia cultural. El segundo, a nuestras vivencias más sensoriales, ligadas al efecto de la forma pura sobre la percepción. A mí como actor y director me sirve entender que existen estos dos niveles, que por supuesto operan en conjunto, pero uno puede jugar un poquito con esta división para entender porque cuando vos estás como espectador viéndome a mí como actor, estás recibiendo información múltiple que opera sobre diferentes canales de la percepción.Mucha gente no trabajan estos aspectos conscientemente, pero esto no quiere decir que no suceda, son datos objetivos. Por supuesto los actores producen esos procesos en nuestro cerebro y por eso el teatro es tan rico muchas veces. Es verdad que desde ese mismo pensamiento, yo produzco a veces un teatro de porquería pues me voy al otro lado; un problema mío como director a veces es la formalización excesiva. La respuesta esta en el equilibrio, muy difícil por otro lado. La crítica que a mí más me ha nutrido fue cuando me han mostrado que la "esencia dinámica" que procuro estaba demasiado presente en el primer plano de algún espectáculo; cuando dicen, por ejemplo, "lo maravilloso de sus cuerpos y sus voces en el escenario se comen la obra". Allí sé que me equivoqué. Hay que seguir trabajando!! Creo que voy a hacer una buena obra a los setenta u ochenta años cuando logre sintetizar. Me estoy preparando para esto... y para hacer Shakespeare.

Lola: *¿No hiciste nunca Shakespeare?*

Diego: No.

Gustavo: *¿Qué obra te gustaría hacer de Shakespeare?*

¡Todo a pulmón!

Diego: *La tempestad.*

Lola y Gustavo: *Te agradecemos mucho esta conversación.*

ANDRES BINETTI

Entrevista realizada el 11 de junio de 2015

Lola: *¿Qué es para ti dirigir?*

Andrés: ¡Qué pregunta interesantísima! Entiendo la dirección básicamente como un trabajo en equipo. El rol que ocupa el director, a mi manera de ver, es tratar de organizar y de ordenar, por un lado, un relato y, por otro lado, todo lo que circula en una obra de teatro, que uno trata de que circule y que tiene que ver con calidades de energía, cómo se ordenan esos cuerpos en términos de latencia, de energía desplegada en el espacio. Lo pienso, por lo menos, desde dos lugares: uno que tiene que ver con la dramaturgia, el relato, lo que se está contando y el otro algo más intuitivo, más emocional, si querés, que tiene que ver con qué pasa con esos cuerpos en el espacio y con ese despliegue que hacen los actores que, acá en Buenos Aires, tenemos la suerte de tener actores que son increíbles y que pueden hacer cualquier cosa. Eso también genera una demanda para el director: la idea de actores que hacen verosímil cualquier cosa; no necesitan un relato organizado ni un trabajo ordenado en técnicas o en discursos, por lo menos en mi experiencia. No me han tocado actores stanislavskianos, grotowskianos o lo que sea, puros; mi experiencia se da con ese tipo de actores que se mandan, que tienen esa potencia de que les das el manual del lavarropas y con eso te hacen dramaturgia. Hablo por Buenos Aires, donde tengo mi experiencia mayor y en otros lugares donde he dirigido también pasa.

Lola: *¿Dónde has dirigido?*

Andrés: En el interior, en Bahía Blanca. Ahora, por ejemplo, dirigí la Comedia Municipal de Bahía Blanca. En Mendoza he estado trabajando o dando talleres. En Chile también di algún taller en algún momento. Eso tiene que ver con la formación del actor; no hay escuelas de formación clásica, estructuradas. Los actores van circulando por distintos lugares, entonces tienen como un potencial que hay que ordenarlo en escena. Ese sería el trabajo. Y después el trabajo sobre la dramaturgia; depende del tipo de obra que esté dirigiendo, el análisis de texto, pensar qué está diciendo esa obra hoy en día; si es un clásico, por qué todavía resuena. Y si es dramaturgia propia también trato, cuando hago mis obras, de disociar los dos roles, para no ponerme a hacer dramaturgia en el ensayo.

Lola: *¿Cómo es eso?*

Andrés: A mí me parece que no es muy productivo, no es tan bueno, hacer eso en el proceso, no conviene con los actores decir "vamos a investigar y a lo que salga", el poeta como el cazador pobre, a lo que salga. Si uno lleva una obra y está trabajando con un texto, por más que sea de uno la obra, me parece que hay que dividir los roles para no hacer el trabajo del dramaturgo en el ensayo. No ponerse a corregir estructuralmente una obra, si la obra es fallida. Sí, obviamente mínimas cosas que tienen que ver con resignar muchas veces fragmentos de la obra, porque uno entiende que sobran, que el actor lo está contando de otra manera, que no hace falta decirlo. Siempre me preocupa en algunos procesos esta idea de si yo me doy cuenta que la obra no funciona o es fallida, me pongo a corregir; en el ensayo estoy tomando un tiempo que en realidad es un espacio del dramaturgo. Por ahí hay que parar y planear juntarnos en un mes, traigo una nueva versión. Sobre todo cuando el cambio es estructural. ¿Se entiende? Y esto a veces tarda mucho y genera un desgaste, si la inseguridad del dramaturgo empieza a entrar en el ensayo.

Gustavo: *Algo no me queda claro. En el caso de tus obras, vos hacés el trabajo dramatúrgico y después convocás a los actores y empiezan a trabajar sobre ese texto que puede, eventualmente, modificarse.*

Andrés: Claro.

Gustavo: *No empieza, entonces, el trabajo con los actores sobre una idea y luego vos vas haciendo el texto, escribiendo paralelamente.*

Andrés: Sí. Hago los dos procesos, solo que me parece que es una idea que hay que convenir con los actores. Y si la obra está escrita—como la trilogía que escribí con Mariano Saba, estaban ya publicadas cuando las empezamos a ensayar e incluso premiadas; ya era un objeto—entonces trabajamos sobre eso y uno comienza a dirigir esos textos como si fuera de otro. Y aunque uno dirija la obra de otro, también corrige, trabaja, no creo en el texto como en el teatro textocentrista, en esta idea de que el texto es todo y el actor y el director se someten a montar ese texto. Si hay un intercambio, pero es un intercambio mucho menor porque uno sabe que iba a hacer eso. Si uno quiere hacer *Tío Vania*, quiere hacer *Tío Vania*, no quiere hacer otra cosa; después lo puede adaptar, versionar, pero la matriz es esa, no le vas a cambiar el final. Esto es lo que a mí se me ocurre; no me parece interesante que *Tío Vania* termine de otra manera, porque entonces hagamos otra obra. Tratar de verlo así, sobre todo para no desgastar y no generar en el ensayo una dinámica que tiene que ver con que aparece el dramaturgo.

Gustavo: *¿Tenés la experiencia de haber actuado y dirigido en una obra que vos escribiste?*

Andrés: No. No actúo; me formé un poco como actor, pero la verdad que eso no era para mí. Le hago un favor a la humanidad y no actúo, soy bastante malo como actor. Y cuando me estaba formando como actor y entrenándome, me costaba mucho. Tito Cossa creo que dice que el autor es un actor que no se anima a subirse al escenario. O el director.

Gustavo: *¿Cómo seleccionas el elenco?*

Andrés: En general, trabajo con gente que veo; es muy pequeño el círculo de gente que está actuando. Si bien somos un montón, hay una circulación muy grande. Trabajo con gente con la que ya trabajé y si no, cuando voy a ver una obra y me interesa lo que veo de un actor, lo contacto por Facebook, le ofrezco. Pero no tengo un método; no me interesa, por ejemplo, la idea de casting. A mí me parece que el casting no es productivo en términos teatrales. Es algo que viene de otro lugar. Si vas a hacer una publicidad y vas a estar seis horas con esa persona, está bien; ahora, las obras nuestras están tres años en cartel o dos, si vamos a convivir dos o tres veces por semana durante dos años, prefiero tener otro vínculo con esa persona. En principio, conocerla más. Nunca hice un casting o una convocatoria abierta. En general también sucede que muchos actores se ofrecen para trabajar conmigo, lo cual es muy gratificante, y alumnos también, que egresan y se interesan en trabajar conmigo.

Gustavo: *¿Hay alguna cualidad que esos actores tienen que tener sin la cual vos no podrías trabajar con ellos?*

Andrés: Creo mucho en una cuestión humana; no puedo trabajar con actores muy egocéntricos o actores que piensan el lugar de la actuación por delante de lo que estamos construyendo, eso me perturba y he dejado de trabajar, incluso he tenido algunas peleas. Con la idea del actor—que es una idea notable—de 'sálvese quien pueda' y tratar de configurar un trabajo en función de que resalte tu trabajo y no contar una historia, y no juntarse a producir ese hecho teatral. Supongo que tiene que ver con la imagen del divo del teatro. Hay gente que, lamentablemente, todavía cree en eso. Eso atenta contra el trabajo. Con gente así alguna vez me ha tocado trabajar y hemos terminado mal. Para mí el trabajo hay que pensarlo, casi deportivamente, como un equipo. Si la defensa no está bien, por más que tengamos adelante a Messi, no pasa nada. El proceso de ensayo, además, es muy formativo, entonces no convoco a actores por renombre, incluso no trabajo con actores del teatro comercial ni me meto en esas propuestas. Me interesa más otro proceso de ensayo que tiene que ver con juntarse, ver qué pasa, ver cómo hacemos lo que tenemos que hacer. Siempre la incertidumbre es muy productiva.

Lola: *En ese "ver qué pasa", ¿qué márgenes de variabilidad u objetivos podrías poner? Sobre todo si vas ya con un texto…*

Andrés: Ese "ver qué pasa" se refiere a que, para mí, el teatro tiene que estar vivo. Tiene que ser un hecho vivo. Hay un teatro muy formal, muy aburrido, orientado a entretener. La idea brechtiana del *Pequeño Organon* es notable, porque pensaba Brecht en un teatro para modificar eso. Empieza el *Pequeño Organon* diciendo que lo primero que tenemos que hacer es 'entretener', es decir, 'tener entre'; si no tenemos 'entre' no pasa nada, porque el tipo está mirando cuánta gente hay en el teatro o si se podría hacer un garaje allá o un restaurant, pensando también de qué va a ser la pizza que va a comer después. Mucho tiene que ver con esto, con la idea de producir un hecho que sea conmovedor, que sea particular, que no responda a una lógica histórica, no repetir modelos, sino que esto que sucede aquí y ahora sea particular y que se generen las condiciones para que se pueda repetir en términos de esa búsqueda, que no se formalice y que se pueda sostener en el tiempo. Mi generación es la que pasó—a diferencia de las generaciones anteriores con cuatro o cinco funciones por semana—a una función o dos. En este festival eterno que es Buenos Aires uno hace dos funciones por semana o una durante tres años. *Proyecto Posadas* hace tres años que está en cartel, sigue estando y probablemente siga bastante tiempo más. ¿Cómo generar una dinámica que, de acá a dos años, nos juntemos y tengamos las mismas ganas de contar una historia a estos 35 tipos que vinieron y pagaron una entradita? Eso tiene mucho que ver, y para mí es muy interesante, con la idea en términos generacionales de no construir un relato hegemónico y una estética hegemónica. Nuestra propia variabilidad es lo que hace que no necesitemos la idea de parricidio, la idea de matar al padre, de la que tanto se habló, que sucedió entre la generación del 90 y la del 70; nosotros no necesitamos matar al padre y está buenísimo y no necesitamos hegemonizar una estética, es decir, "el teatro de Binetti es esto" y "el teatro de los chicos que están más allá, en otra mesa" es otra cosa. Ninguno trata de generar lo que pasaba en la década del 90, de que "mi teatro es esto y va a ser hegemónico o va a ser periférico". No, nosotros hacemos lo que tenemos ganas o lo que sentimos que hay que hacer en el aquí y ahora y por ahí, dentro de cinco años, hay un cambio. De hecho ahora yo mismo estoy cambiando mi estética; trabajé mucho sobre el neogrotesco. Dirigiendo en Bahía Blanca, me pasó, me di cuenta que cuando ya lo podés hacer muy bien, cuando ya no te demanda, no te exige, entonces ahora estoy tratando otra cosa, que no se bien qué es, pero que tiene que ver con lo político en el cuerpo del actor y no lo político en el relato. Y estoy buscando, no tengo ni idea, pero me estimula el desafío, ya no quiero seguir haciendo lo que me sale bien—que me encanta y lo agradezco, lo hice con mucha honestidad. Insisto: no se trata de hegemonizar una estética, sino ver cómo uno va cambiando y el cambio es bueno.

Gustavo: *Para redondear el tema del actor, ¿hay alguna técnica actoral que facilita tu trabajo como director?*

Andrés: Sí. A mí me gustan mucho los actores como Pompeyo [Audivert], Bartís, ese tipo de formación. Alejandro Catalán, Cure, son todos de la misma línea. También me parece que me gustan esos actores no solo por la formación, sino también porque en esos lugares se transmite un espíritu de actuación. Que es distinto a una escuela en la que te forman más para entrar a la televisión. Los que te mencioné son actores más prepotentes, más artlianos; actores que han leído a Lamborghini, hay ahí entonces un desafío como director. También trabajo con actores de la Universidad del Salvador (yo dirijo una residencia allí), son chicos mucho más tiernos y también es un desafío; me ha hecho a correrme del prejuicio cuando empecé a trabajar ahí. Son chicos que vienen de un estrato social alto, es una universidad privada, pero tienen unas ganas enormes de trabajar. Son actores y te corren de tu eje de pensar más desde el barrio que es desde donde uno viene.

Lola: *Cuando has movido un espectáculo del lugar original, ¿qué problemas, si es que los hay, te genera ese cambio espacial?*

Andrés: ¿Como ir a un festival o ese tipo de cosas?

Lola: *Sí.*

Andrés: Depende de la obra. Ahora, por ejemplo, con *Proyecto Posadas* pasa que se ancló en una peluquería, museo, barbería y es muy difícil pensar en moverla. Ahora van a hacer funciones en el Konex con motivo de la Bienal de Arte Joven, y es un problema. En este caso, va a ser una versión; en general, yo pienso en versiones, cuando uno se va a otro lado. Y depende el lugar, hay lugares más angelados. Trabajo mucho en el Teatro del Pueblo cuyas salas son muy parecidas a otras salas, entonces la adaptación no es tan compleja. Y otras veces me ha tocado ir a festivales, como la Sociedad Italiana de Rafaela, con 400 localidades al piso y un escenario más de un metro y medio elevado, y hay que adaptarse. Hay que tomárselo como un desafío, cuando es problemático. Un poco la idea de Brook, del *carpet show*, el teatro se debería poder adaptar a la mayoría de los lugares en términos de escenografía, de puestas. Sí es cierto que hay tonos de actuación que son complejos para lugares grandes: cuando uno tiene una obra intimista, que la hace en un teatro de 70 localidades y que tiene un tono, ir después a un teatro grande, es complicado en cuanto a la actuación que uno preparó.

Gustavo: *¿Diriges a los actores de la misma manera que a las actrices? ¿Te generan mayor o menor dificultad unos u otras?*

Andrés: Nunca lo pensé. Me parece que no hago diferencia de género; me parece que, para mí, actor/actriz es lo mismo; bueno, "lo mismo" no está bien dicho, no es lo mismo. Uno lo piensa como un trabajo. Por ejemplo, con la *La patria fría*, teníamos mucho cuidado porque había una sola actriz y siete actores, entonces tratamos de contenerla a la pobre porque era como entrar a un gimnasio de hombres. Y en las versiones que hice de *La patria fría* siempre busqué una asistente mujer, no tanto por el momento del ensayo, sino por el momento del descanso, cuando se toma mate, donde los tipos nos vamos todos muchas veces a hablar cosas de tipos y quedaba Natalia, la primera actriz que lo hizo, un tanto aislada. Todos estaban hablando de fútbol, y ella se traía un libro, se ponía a leer. No lo pienso distinto.

Lola: *¿Atraviesa el tema del género en algún otro estrato del proceso, desde que escribes hasta que se estrena, en algún otro nivel?*

Andrés: No consciente. En términos de ideología, no conscientemente. Creo que sí, siempre está, es un tema. Pienso que a nivel de la ideología uno no lo maneja mucho, pero a nivel del discurso sí, pero la ideología te atraviesa; uno dice lo que puede y no lo que quiere, y también hace lo que puede y no lo quiere. La verdad es que nunca lo he pensado mucho. Es cierto que a veces en la escritura, en la dramaturgia, me pasa que cuando trabajo con personajes femeninos, siento que tengo que corregir más. Me cuesta más. Se supone que un autor encarna esos personajes de alguna manera y hay algo del imaginario que yo siento que se me va, que son personajes que no están tan logrados, como algunos masculinos, sobre todo los personajes mayores, de más edad. Entonces, puedo contestarte que sí lo pienso, pero a nivel de la escritura. No hago teatro político en el sentido temático, si bien trabajo con temas histórico-políticos que son excusas para producir ese hecho escénico. La ideología, como dije, te atraviesa y uno muchas veces se sorprende y no se da cuenta y le salen cosas que las ve otro. Esa cosa de cómo describe a los personajes la escritura, es algo notable siempre; enseño dramaturgia también y uno ve a los alumnos escribiendo cosas del tipo "Juancito, 22 años, es lindo; Pedrito, 24, es morocho". (*Risas.*) Pasan esas cosas y es la ideología que te atraviesa y está bueno verlo para replanteárselo.

Lola: *Y cuando diriges personajes femeninos, ¿das las mismas pautas que a los masculinos, en cuanto a los mismos movimientos, los mismos tonos de voz...?*

Andrés: Es difícil pensarlo así, porque depende del tipo de personaje. Sí, tengo un trato igual; no trato a la actriz distinto de un actor. Pero depende de lo que estés buscando con ese actor o con esa actriz. Es interesante que en *Al servicio a la comunidad*, que ahora la re-estrenamos; es un cabaret de 1910, para celebrar el Centenario; hay un grupo de mendigos que deciden hacer huelga porque van al Colón y ven que a los actores les pagan para mirarlos y a ellos les pagan para no verlos. Deciden hacer la huelga y el problema es que en el Centenario había que mostrar la miseria, porque había que mostrar los contrastes. Están ensayando un *Hamlet* en un cabaret. Y hay una actriz, en realidad un actor que tenía que componer una prostituta travesti que estaba ahí y allí tuvimos que trabajar mucho la idea de cómo imaginamos que podía llegar a ser una travesti hace 115 años en un cabaret. Y pasaba mucho de esto con Tato Cayón, que es el que hace ese personaje, un actor extraordinario; tomábamos la idea, porque encima está enferma, tiene tuberculosis, de la muerte en Florencio

Sánchez como disparador. Y era difícil porque la primera imagen que me sale de una travesti es la de una guerrera, una mina que está plantada en el mundo y, sin embargo, hace 115 años, pensamos, tendría alguna delicadeza, incluso en cuanto a la prostitución, que no es la de ahora en el Rosedal. Jodíamos con la idea de que era la que más trabajaba, obviamente, en el cabaret. Y empezamos a hacer estas cosas y allí sí trabajamos algo que era complejo, porque estábamos trabajando una actuación de época. Me interesa siempre correrme del lugar de cierta imagen, que se piensa como realista, pero a mí me parece que es plana, en cuanto a qué es una prostituta. Muchas veces pasa que la actriz o el actor que hace el personaje de una prostituta, como si tuviera ya algo impreso, y lo empiezan a actuar de una manera que es plana, no es interesante. Empezás entonces a buscarle matices, otras cosas, que no sea una prostituta: es una mujer que ejerce la prostitución, pero es una mujer que tiene una vida, que le pasan cosas y ahí empieza a tomar cuerpo, a emerger una latencia, una energía que ya no es plana.

Gustavo: *En relación al género, ya no sexual sino teatral, dijiste que habías agotado un poco el grotesco. ¿Tuviste antes otra estética o frecuentabas otro género? No sabés lo que vas a hacer ahora…Mi pregunta apunta no solo a la cuestión de la estética sino a con cuál de los géneros sentís más afinidad: el sainete, el drama, la comedia, las mezclas…*

Andrés: Yo vengo de las ciencias de la comunicación. Mi primera obra fue un contraste por saturación; una obra que estaba pensada a partir de ciertos textos de Eliseo Verón, sobre todo el análisis del noticiero que hacía él, sobre todo la idea de la verdad y el verosímil. Era una obra—estoy hablando del año 2002—que después se hizo mucho. Eran 7 u 8 actores a público contándoles historias que eran mentiras pero tratando de que fueran verdad, tratando de contarlas como si fueran verdad. Trabajamos con fotos, con la idea de la cámara lúcida de Barthes, ese tipo de recursos, y era como una especie de lo que ahora se llama teatro postdramático. En esa época era teatro postmoderno, todavía no era postdramático; viste que las categorías son notables (*Risas.*). Con esa primera obra ganamos varios premios, fuimos a festivales. Después salto al grotesco, que surgió porque empecé a meterme más en el teatro; y justamente ayer hablábamos de eso, porque soy criado en el campo, en Matachín, en un pueblo de La Pampa de 3.000 habitantes, siete cuadras por siete. Y cuando vine a estudiar comunicación a la Universidad de Buenos Aries, en los 90, que no era ahora y era durísimo; para legitimar tu título tenías que ir al Ministerio de Educación, esperar la noche anterior en una cola, etc. Me pasaba que todos los porteños me decían y tienen esta imagen del campo como una cosa bucólica. La idea es que si podés dejar la bicicleta sin atar, eso está bueno. Y en realidad en el campo, como en todos lados, hay muchísima violencia y son también lugares duros para vivir, porque ese pequeño pueblo de siete por siente es un poco Dogville.

Gustavo: *Lo de pueblo chico, infierno grande.*

Andrés: Claro. La imagen de un pueblo de chacareros, puro campo, y recuerdo que cuando se fumigaba, en esa época no había GPS; para marcarle al avión, contrataban un pibe, en general de clase baja, que tenía dos banderillas. Lo llamaban banderillero. Y entonces pasaba el avión, lo fumigaba, se corría 15 metros, volvía a pasar el avión y lo fumigaba, y así. Y esos chicos terminaban con cáncer. Muchos borrachos en accidentes de tránsito también; tengo varios compañeros del secundario fallecidos, que iban a bailar al pueblo de al lado, se chupaban, venían en la camioneta, pegarse un palo y matarse. Hay, como en todos lados, mucha violencia, pero la imagen del porteño era "cómo te viniste a esta ciudad de mierda, si vos ahí en el campo, podías vivir tranquilo". Escribí entonces *Llanto de perro*, que es una obra con tres gauchos que están metidos en un rancho y entra una encuestadora del INDEC a hacer una encuesta (*Risas.*). Me conseguí las encuestas del INDEC, que son bárbaras, porque el encuestador tiene que preguntar aunque vean que no hay nada de lo que preguntan; por ejemplo, aunque vean que hay piso de tierra, tienen que preguntar si tenés piso de cemento, si tenés más de un ambiente, si el agua es potable, cloacas… Esa obra fue entonces muy del grotesco. Después hice *Opera anoréxica,* que era una ópera sobre la anorexia. Fui cambiando y el grotesco me tomó en un momento que sentía—y siento todavía—que es el neogrotesco, no el criollo, clásico, porque tampoco trabajamos con la estructura tan clásica de la caída de la máscara, sino como una estética que produce una grieta metafórica en el espectador: no hay una identificación plena, no soy yo, no es mi tío, no es mi papá, sino que es un personaje más exacerbado, un poco más extraño, pero que me muestra conductas mías. Y esa identificación me parecía—y me parece todavía—como más política que la idea de identificarme plenamente, como en el realismo; eso que pasa en muchas obras que uno ve a veces, por ejemplo, con una pareja que se separa porque se le rompió la heladera y eso es un drama, entonces pensás "no me pasa mucho a mí con eso". Hay un poco de ese teatro, y está bien, obviamente uno lo respeta, pero a mí no me interesa. Y la actuación en esas obras está enfocada en reproducir la realidad: "vamos a tomar el té" y toman el té. A mí con eso me pasa que no me alcanza.

Lola: *Concretando esto; dijiste que en tu primera obra había una estética que no era grotesca, era postmoderna. ¿Era eso porque no tenía una estructura dramática?*

Andrés: No, era porque enfrentábamos al público, con la mesa blanca, como en los noticieros con 7 actores, iluminación blanca y con objetos de prueba. Después hice *Llanto de perro*, que es un neogrotesco y es la obra de mi autoría que más se hace. Hay como 20 versiones, funciona mucho. Después hice *Opera anorexica*, que era un tema que me tenía muy perturbado: la idea de no poder entender cómo un cuerpo decide dejar de alimentarse y cómo lo tolera. Me perturbaba la idea de tener comida al alcance y no comerla, frenar el impulso de tu cuerpo de comer, del hambre. Empecé a investigar sobre la anorexia y entendía que había que buscarle un género distinto. Para mí no había manera de tratarlo en la teatralidad más convencional, entonces decidí hacer una ópera. Conocí a Guillermina Etkin y Marcos Zoppi, que son los compositores que ahora trabajan un montón, pero ésta fue su primera obra. Empezamos a trabajar grabando sonidos de digestión, toda la música estaba hecha a partir de sonidos del cuerpo y elementos industriales de cocina. Ellos grabaron en un restaurant, las licuadoras y todo lo que sucede en una cocina, y a partir de eso la hicimos. Era una ópera cantada, con recitativos, a público, en una caja blanca, que se veía la mitad del cuerpo de los actores. Era una caja blanca con una base que les llegaba a la cintura. Eran tres actrices y un actor y se veían esos fragmentos. Y también, era dentro del teatro postmoderno, qué sé yo. Después hice *Petit Hotel Chernobyl*, que era el grupo de *Las chicas de Apamá*, de Guillermo Cacace, una obra extraordinaria. Ese grupo me llamó porque habían visto *Llanto de perro* y querían trabajar conmigo. Y fue una obra de cuatro mujeres desocupadas que sostenían su trabajo, a pesar de que eran desocupadas, en un cuarto de pensión en Once. Y la *Trilogía Argentina Amateur*, que escribí con Mariano [Saba] y dirigí yo.

Lola: *Allí se ve bien el grotesco.*

Andrés: Eso es un grotesco. Los subtítulos son: *La patria fría* (grotesco ambulante), *Después del aire* (sainete oral), jugábamos con la idea del sainete porque es un radioteatro en 1930, aparecían las voces de estos personajes claros del sainete, pero los interpretaban actores del radioteatro; y finalmente *Al servicio de la comunidad* (epopeya isabelina), era la idea de tratar de hacer un *Hamlet* en la recepción de un cabaret de 1910 durante los festejos del Centenario. Esos sí son grotescos, van con esa estética. Y ahora volví a dirigir *La patria fría*, que fue una experiencia bárbara en la Comedia Municipal de Bahía Blanca. Es en un circo y la Municipalidad me brindó una carpa para 200 localidades. Fue en la plaza de Bahía Blanca. Estrenamos ahí y fue increíble, porque acá en Buenos Aires hacíamos el coreto en el teatro, hacíamos la carpa dentro del teatro. Pero hacerlo en una carpa de circo, fue interesantísimo, incluso también porque la entrada era gratuita. Venía la gente que dormía en la calle, se iba armando una cosa muy popular y muy encantadora. La gente culta de Bahía Blanca que va al teatro y la gente que dormía en la calle, todos juntos viendo la obra.

Gustavo: *¿Qué directores nacionales o internacionales te impactaron, aunque no hayan influido en tu trabajo como director?*

Andrés: Muchísimos. No tengo miedo a la idea de influencia, de tomar y de homenajear. Uno no quiere ser único y establecer una estética, sino laburar en una comunidad. Kantor, La Zaranda, ese grupo español me encanta; obviamente los clásicos con los que nos formamos nosotros, me refiero a Kantor, Pina Bausch, Brook, que vi en video y también aquí en el FIBA [Festival Internacional de Buenos Aires], donde vi *La flauta mágica* y no me gustó tanto. Argentinos, para nombrar algunos, porque me gusta mucha gente: Guillermo Cacace me parece un director extraordinario,

Bartís, Alesso, los clásicos. Bartís me parece genial, trabaja tanto con el actor, es un trabajo tan fino, tan delicado, tan fino y tan comprometido; Pompeyo Audivert me gusta mucho. Mariano Pensotti me gusta mucho lo que hace, si bien no es una estética que a mí me conmueva demasiado, me parece que hay un laburo, un trabajo de poner en escena una novela, no hay dramaturgia, es toda la novela puesta en escena y eso es un laburo muy grande. Me gustó mucho Ariene Mnouchkine, *Los efímeros*, fue un trabajo conmovedor. El Berliner también con su *Arturo Ui*. Tuve la suerte de haber ido a ver mucho en el Festival de Buenos Aires y voy todas las semanas al teatro. Otra obra increíble fueron *Las cartas de Artaud a Hittler*. También me gusta lo de Rafael Spregelburd. Muchos, muchos.

Gustavo: *¿Cómo se sostienen tus proyectos? ¿Tenés productor?*

Andrés: No, en general, el productor es el grupo. Sí pedimos y en general ya tenemos la suerte de contar con los subsidios de INT y ProTeatro, aunque no siempre, porque se concursan, pero en general nos los dan. Se dan tarde, lo cual es un problemón, porque entonces lo financiamos nosotros; en general lo financio yo y de pronto algún actor colabora, si puede y quiere. En términos de logística, también se van distribuyendo las tareas de acuerdo a la necesidad. No tenemos la figura de un productor. Sí tenemos un asistente de producción que, en general también, de un tiempo a esta parte empecé a trabajar con alumnos míos porque el trabajo del asistente de dirección es lo que les permite empezar a vincularse con el teatro, con el mundo del teatro: ir al Instituto, tener que ver cómo son los formularios, que los conozcan y aprendan para cuando empiecen sus proyectos tengan allanado ese camino.

Lola: *Y además de eso, ¿qué hace el asistente de dirección?*

Andrés: A mí me gusta mucho que me critique. O sea que cuando termine un ensayo me digan "esto me parece que no", "esto me parece aburrido", "en esto creo que te equivocaste". Y me obligue así a pensar, eso básicamente. Ahora que estoy más grande y entonces estoy trabajando con gente más joven, me empieza a pasar algo que está buenísimo: los chicos de veinte y pico tienen otra mirada del mundo que nosotros. Eso te obliga a repensarte todo el tiempo.

Gustavo: *Cuando estás en proceso de montaje, ¿tienes un perfil del espectador? No me refiero al público porque eso es un imponderable. No sé si piensas en alguien que tiene características locales, o más globales, cierta franja etaria. Ese perfil, ¿interviene en tu toma de decisiones al momento de la puesta en escena?*

Andrés: Sí. El espectador imaginario para mí son los que yo considero mis maestros.

Lola: *¿Quiénes son?*

Andrés: Mauricio Kartún, Daniel Veronese, Alejandro Tantanian, Jorge de Lassaletta. Jorge es tucumano, un genio, estudié dirección con él en la EMAD [Escuela Municipal de Arte Dramático]. Nos ponía muy en crisis, era encantador. Siempre están como dando vuelta; me pregunto "¿le gustará a Kartún esto?" Además, tengo la impronta de intentar ser popular en el mejor sentido: para mí una obra tiene que funcionar para Borges, si viene, pero tiene que funcionar también para mi tío Toto, que es carnicero, que labura y si quiere venir, tiene que entenderla, pasarla bien, divertirse. Ese es el desafío. Nosotros también, como generación, revertimos un poco ese otro teatro críptico, cierto teatro más formal, más cerrado, que era increíble, como El Periférico de Objetos, pero que no era tan popular. Y creo que la falta de público nos obligó de alguna manera a repensar eso y a decir "se puede hacer algo tan profundo como eso, pero en popular".

Gustavo: *¿Qué arte o artes han influenciado más tu trabajo como director? ¿Qué arte dispara más tu imaginación?*

Andrés: Para escribir, en términos de dramaturgo, la música; tengo un mecanismo que consiste en que yo voy avanzando en una obra y pienso en términos musicales qué le falta. En la escena que viene tiene que ser los Redonditos de Ricota y me pongo los Redonditos de Ricota; la otra escena tiene que ser rock y busco rock; luego el anticlímax, entonces pongo Mozart y escribo con Mozart. Y siento que eso va a ser como la gota que va a horadar la piedra; es como un sistema de escritura que yo tengo.

Lola: *¿Lo tomaste de alguno de tus maestros?*

Andrés: No, lo inventé yo. He leído que algunos escritores, más de novela, lo que hacen es prender el televisor, música, todo junto y en ese ruido trabajan; es muy productivo, pero también agotador, porque vas tomando de todos lados. La música como intensidad de una escena. Tal escena como rock, y rock como Nirvana, no puede ser Los Beattles. Y para dirigir uso mucho la pintura, la idea de lo pictórico, incluso la fotografía, a mí me parece que es una herramienta importante para la composición espacial.

Lola: *¿Qué arte predomina en* Esto también pasará*?*

Andrés: Para mí, el folclore, es una obra folclórica. A mí el texto me encantó, me parecía un desafío dirigir eso. Es folclórica incluso la idea de la nave como un rancho. Todo el tiempo hablábamos de un rancho tecnológico; uno de esos ranchos que ves solito desde la ruta. En *Proyecto Posadas* lo escribí yo y allí me mataba, era tremendo con los Silvio Rodríguez, Alfredo Zitarrosa, que es alucinante y con Daniel Viglietti, el compositor uruguayo. Escuchaba mucho eso y trataba de encontrar la época y cierto compromiso, cierta vocación que después se convirtió en más escéptica. Cierta fe en el ser humano que de alguna manera se ha perdido. Probablemente vuelva de otra manera. Y con el segundo acto, que son los cineastas, trabajaba con música contemporánea.

Gustavo: *Cuando iniciás un proyecto, ¿lo pensás desde el principio con sala a la italiana frontal o bien te gusta distribuir al público de otra manera?*

Andrés: Cuando empiezo, lo hago trabajando con una decisión. En *La patria fría*, la puesta era circular, como un circo. Empezamos trabajando con esa idea; porque evidentemente había otro tono de actuación, otra energía que circula, y en la idea del circular uno trabaja con el actor todo el tiempo tratando de generar direccionalidades, sobre todo básicamente para que no dé la espalda mucho tiempo. No recuerdo que me haya pasado de una obra que me diera cuenta después que convenía hacerla de otra manera. He hecho puestas bifrontales, también a la italiana, circulares. No sé si el material que quería hacer me pedía eso.

Lola: *¿Cuáles son las mayores dificultades que enfrentas como director?*

Andrés: La comodidad es algo que me preocupa, el convertirte en un burócrata del trabajo. Me parece que hay algo de la gestión cultural que se debería pensar de alguna manera. Siento que no hay muchos desafíos, como que el teatro se estabilizó en un lugar y salvo raras excepciones no hay mucho desafío. Repensar eso. Es muy agradable dirigir y tiene su costo. Una cosa maravillosa era que un director que es un tipo que se cree director y convence a un actor de que es director. Eso es un director, una gran definición. Porque uno sabe: cuando empieza a dirigir una obra uno *no* sabe. Y cuando te la creés, es un problemón. Hay mucha ganas de trabajar; en Buenos Aires—no solo aquí, pero sobre todo en Buenos Aires—se ve mucho esa idea de que llamás al actor, le decís "mirá, nos juntamos martes y jueves, no tengo ni idea de qué voy a hacer, no tengo ni idea cuándo vamos a estrenar" y el martes a las 8 ya lo tenés ahí. Y de la parte financiera, ni hablar. El riesgo en sentido monetario, la cantidad de trabajo y lo que gana un actor, incluso cuando te va bien en el off, es lamentable. Siempre entendí que los actores tienen que ganar algo, aunque sea simbólico.

Lola: *Me quedé con eso que dijiste de que no hay desafíos. ¿Podrías extenderte un poco en eso?*

Andrés: Sí. Aunque no sé cuáles son, me parece que habría que empezar a pensar en no estar cómodos; me parece que toda esta productividad y toda esta necesidad de estar en cartel, de tener obras, de que te conozcan, genera algo que es este festival eterno que hay en Buenos Aires, esta idea de que hay como 400 obras por fin de semana; pero también genera que esas obras se parezcan mucho y pocas veces uno va a ver un trabajo que está arriesgado. Ves muchos trabajos muy buenos, muy bien actuados, muy bien dirigidos, pero pocas veces ves un riesgo estético o de producción. Por ejemplo, *Las multitudes*, de Federico León, una obra con 150 actores; ahí hay un riesgo, Federico León arriesga. Es otro director que me parece formidable.

Gustavo: *Hay algo paradójico aquí; como decís, por un lado hay como una tendencia a estabilizarse y por otro lado nadie cobra nada. Uno podría decir que si nadie cobra nada, entonces podríamos asumir más riesgos. Hay como una contradicción ahí.*

Andrés: Hay ahí un lugar interesante o que da para mucho más. Porque también es cierto que hay muchas cosas que sí tienen algo de riesgo. Pero no hay nada que esté como estallado todavía, como ha pasado con algunas obras en otros momentos. Tampoco hay desafíos desde los lugares que se suponen que nos acompañan. Hay mucha comodidad, la del Instituto Nacional de Teatro, ProTeatro, las políticas culturales, las giras. No hay tampoco la idea de una gestión cultural que sea más productiva, más arriesgada, ni siquiera hay la idea de un norte de a dónde queremos ir. Esa sensación de que no se mueva mucho nada, mantengámonos…

Lola: *También está muy instalada la idea del éxito. No en términos de dinero, sino de cuánto tiempo estás en cartel, cuánta gente viene a verte…*

Andrés: De prestigio. Y también la preocupación por qué tipo de público asiste.

Lola: *Hay fenómenos que son increíbles. Hace un año hubo una sola obra sobre Eva Perón. De golpe aparecieron diez. Sucede que una obra tiene éxito y se empiezan a producir como clones, de estilo, de tema.*

Andrés: Encima mal hechas. Es un tema: la idea de éxito como prestigio, aunque…

Lola: *…pero que tampoco es realmente prestigio, es el estar, estar en algún lugar.*

Gustavo: *Volviendo al cuestionario. ¿Trabajás con fechas fijas de estreno? ¿Cómo fijás la fecha del estreno?*

Andrés: No. Depende de cómo vienen los ensayos, de la intensidad de los ensayos; dos o tres meses antes definimos fecha de estreno. Fijas no. Cuando empiezo a ensayar, en general no tengo un plan, vamos viendo. La fijo en un momento del proceso, cuando siento que está. Siempre uno más o menos va calculando; hay un plan, pero no fijo. Si empiezo a ensayar en julio, dos veces por semana, llego a diciembre, y como no vas a estrenar en diciembre, hacemos un ensayito abierto, en febrero estrenamos, o mejor marzo. Pero no con fechas fijas.

Gustavo: *Y una vez estrenada la obra, ¿sueles hacer ajustes de los espectáculos?*

Andrés: Si, pero no inmediatamente. Siempre dejo un par de semanas, que las funciones salgan como salgan, para distender, es como un rito de pasaje. Y a partir de ahí voy generando una dinámica que depende de los grupos, como ensayar un día a la semana para ajustar. También depende mucho de las condiciones de producción: si el teatro está libre antes, todavía nos juntamos un rato antes y afinamos una escena. Y con algunos actores con los que trabajo hace mucho, ya es solo para decirles algo. Después del estreno, trato de que se relajen un poco. El actor es muy sensible y el estreno de una obra, en general, nunca es importante salvo para el actor. Si al otro día del estreno lo llamás y le decís que tenemos que ensayar, le estás dando un mensaje que lo matás. Vamos a comer, nos emborrachamos y hacer todo lo que se suele hacer luego de los estrenos, y otra semana más y después sí, hago ajustes.

Gustavo: *¿Cuándo entran los llamados técnicos o artistas creativos, como el escenógrafo, iluminador, vestuarista, etc.? ¿En qué momento del proceso entran?*

Andrés: No tengo un orden. Depende de cuándo se los necesita. Hay un momento, por ejemplo el vestuario, donde se hace necesario para el verosímil de la obra, donde el actor necesita el vestuario. Y depende ahí del tipo de obra. En *Esto también pasará*, donde están vestidos de astronautas, tuvimos que ponerlo bastante antes porque nos dábamos cuenta de que ensayábamos y lo necesitábamos. Habíamos comprado unos trajes que usan los pintores, que son muy baratos, que venden en las ferreterías, y eso alcanzó hasta cierto punto; pero después ya eso no alcanzaba, el actor necesita tener el traje que va a usar. Dos meses antes, más o menos, tuvimos esos trajes. Una obra con un vestuario más parecido a la normalidad tal vez no sea necesario con tanta anticipación. El proceso es el que te lo demanda.

Lola: *¿Y las luces, el sonido?*

Andrés: Lo mismo, en general. En *Esto también pasará* hay mucho efecto, pero en general yo no trabajo con efectos de luces; trabajo con una luz ambiente durante toda la obra. El sonido también depende de la necesidad. Nunca llego al estreno con un músico que llega un rato antes con la última versión; eso no. Tengo la suerte ya de poder postergar un estreno y hacerlo en un mes. No me ha pasado tampoco. Me parece que en cuanto a los recursos es bueno pensarlos en relación a cuándo son necesarios: cuándo es necesario tener la música para que el espectáculo funcione, crezca. También es una estrategia, es como ir al teatro. Yo ensayo en un estudio que tengo y la primera vez que va todo el equipo al teatro a hacer su primer ensayo es un momento y los aprovechás; si ves que viene decayendo mucho, llamás a otro ensayo y el equipo se re-energiza. Y uno medio inconscientemente va usando eso como "la zanahoria y el burro" en función del grupo.

Lola: *¿Cómo te situás en el panorama teatral argentino en relación a lo que se hace, la estética, estilos de dirección?*

Andrés: ¡Qué difícil! Esta idea de lo que Dubatti llama "micropoéticas", por ponerle algún nombre, es la idea de que cada uno está construyendo algo y que ese algo es variable y que si algo no tiene vocación de permanecer en el tiempo como un mandato, como una estética—como era la estética de Bartís, la de Tito Cossa— eso es igual muy productivo. Uno no siente la necesidad de definirse mucho; lo que te define es tu laburo. En ese sentido a mí me parece que lo que yo construí como director tiene que ver con una idea más cooperativa, con grupos de trabajo donde, por ejemplo, todos cobramos lo mismo, donde la gente tiene ganas de trabajar. Eso es importante y tiene que ver conmigo, con un esfuerzo que uno hace, también cuando uno se enoja o se frustra, no trasmitir eso al grupo, y no trabajar con energías que muchas veces son también productivas. Trato de generar ganas de actuar.

Lola: *Me parece que ves una gran diferencia entre tu estilo de dirección a los maestros anteriores, como Bartís, Cossa, etc. Pareciera como que tú tienes mucha más libertad de movimiento, de hacer lo que te gusta...*

Andrés: Claro; no tengo el peso que tiene Bartís. Bueno, no sé lo que hace Bartís, me imagino que también hace lo que quiere, pero que hay una demanda, una construcción en su caso a la que nosotros no tenemos que responder. No tenemos que responder mucho a nada porque tampoco le importa mucho a nadie lo que hacemos. (*Risas*)

Gustavo: *Es mejor tener una demanda 'floja', en vez de una demanda 'fuerte' que te exija que cada obra—como imagino lo que le ocurre a Bartís—sea mejor que la anterior. Eso debe ser algo terrible.*

Andrés: Sí, hay algo de eso. Y creo que como no respondemos a un grupo, a un sector, ni estamos territorializados—por decir algo—no te preocupa si a la obra que sigue va a venir la misma gente, otra gente; no es que no te preocupe el público, que es otra cosa. Quiero decir que no trabajás en función de pensar que van a venir los peronistas de entre 30 y 40 años de edad o van a venir los Franja Morada... ¡Que venga el que quiera! Y sí trabajo mucho, eso sí, porque lo entendí en algún momento, la idea de que uno tiene que hacer lo quiere, de la mejor manera posible, y después venderlo de la mejor manera posible. Ahí también hay una grieta, un problema que es...

Lola: *Y para eso tienes un agente de prensa.*

Andrés: Sí, yo siempre pago prensa. Se discute mucho a veces. Quiero que venga el público. Hacemos volantes, mandamos Facebook; ahí sí uno se pone comercial.

Gustavo: *Tal vez sería mejor decir que uno se pone 'promocional'.*

Andrés: Si, se pone promocional, porque lo que hiciste es lo que querés mostrar, que es distinto a hacer algo *para que* venga el público.

Lola: *¿Trabajaste alguna vez en el teatro oficial?*

Andrés: Trabajé como adaptador en el Teatro Cervantes.

Lola: *¿Fue muy distinta la experiencia?*

Andrés: No. Porque en realidad, como todo, me llamaron, trabajé con Manuel Vicente que dirigió *Chau papá*, una obra de Alberto Adellach y me convocó a mí para adaptarla. No me conocía a mí, pero conocía mi trabajo. La convocatoria tenía que ver con que yo participara de los ensayos, de modo que no fue un proceso de ese teatro oficial, más distante. Iba a todos los ensayos, tenía un elenco bárbaro (estaban [Roberto] Carnaghi, Verónica Piaggio, Pablo de Nito), todos actores del off, así que, salvo las cosas formales del Cervantes—que se olvidaba de pedir los derechos, por ejemplo (*Risas.*), ese tipo de pequeñeces—, la experiencia no fue la típica de lo que sé que ocurre en el teatro oficial. Eso fue un tema, porque obviamente la familia no aceptó la adaptación, porque si lo hace, tiene que repartir conmigo el bordereaux, entonces el aviso que hicieron la semana anterior al estreno quedó en mí la idea de que empezaran a ensayar de nuevo la obra como es. Encima la adapté bastante porque es muy larga. Ahí arreglamos un 'asesoramiento dramatúrgico' en el programa y la plata por otro lado. ¡Un desastre!

Gustavo: *La crítica, académica o periodística, ¿te impacta, la lees, impacta tus puestas posteriores? ¿Cuál es tu relación con la crítica?*

Andrés: La leo, obviamente; en general leo la que se refiere a mis obras y las otras también. Casi todos los días, me meto en los diarios y veo. Siempre eso es un orientador. Respecto de mis obras, siempre la crítica académica tiene más vuelo y la crítica periodística queda como más acotada, por el tipo mismo de su producción, en donde hay que hacer una crítica por día. Cuando te tocan el ego: te pone contento cuando la crítica no te pega y te pone que sos muy bueno, que sos maravilloso, que sos la nueva promesa del teatro nacional; y sí te angustia cuando te pegan. A mí la crítica me ha tratado muy bien; no he tenido malas críticas nunca. Con la distancia, cuando pasás de esa instancia del estreno, la releo. Obviamente, la crítica te sirve, porque un "muy bueno" de La Nación, significa que va a venir un público que no es el que te sigue a vos, sino que la crítica te amplía, te desafía. Trato de darle bola y no me interesa subestimar; lo mismo con los premios: los pongo en mi sala, para que se vean, no los pongo en el baño como hace Woody Allen. (*Risas.*) No me pasa eso del desafío con la academia, con la crítica. Hay un vínculo, y eso está bien; tampoco soy dependiente, hago lo que quiero y está bueno que después lo tomen como objeto de estudio. Es notable que alguien estudie tu obra.

Lola: *En los diferentes procesos de obras tan diferentes, ¿tú ves algún patrón, algo en común que se mantiene, que las cruza?*

Andrés: Sí, creo que es como un caleidoscopio, es como mirar desde distintos lugares, pero el mismo objeto. Me parece que siempre hablamos de lo mismo.

Gabriela: *¿De qué hablás?*[6]

Andrés: Hay un tema ahí, que tiene que ver con lo político, a mí me interesa mucho lo político; y una cierta angustia de la comunicación, por decirlo de cierta manera. Como la falta, lo que no hay.

Lola: *Has dicho que te está interesando lo político del cuerpo.*

Andrés: Lo miro desde muchas formas. Uno dice: el hecho político nuestro es hacer teatro, en las condiciones que tenemos. Todo teatro es político; esa premisa es cierta pero también es peligrosa.

---

[6] Durante toda la entrevista estuvo presente la actriz y psicoanalista tucumana Gabriela Abad, autora de *Escena y escenarios en la transferencia* (Buenos Aires: Argus-*a* Artes y Humanidades/Arts &Humanities, 2015), que solo intervino con una pregunta en esta oportunidad.

Lola: *O falsa.*

Andrés: Es como la antropología cuando decía que todo hecho era antropológico. Pensaba siempre en un teatro *de* lo político; un teatro político en términos de Brecht, el teatro político tradicional tiene como una instancia educativa; piensa al público como infantes a los que hay que explicarles cómo debería funcionar el mundo.

Lola: *Y darles la receta final.*

Andrés: Exacto. Eso me parece muy peligroso, sobre todo porque yo no tengo ni idea. Uno no tiene la ortodoxia marxista de Brecht, según la cual uno acepta que eso funciona así, creo en esto y en consecuencia puedo trabajar. Entonces lo que yo empecé a pensar es en hacer un teatro que proponga preguntas, no respuestas; invertir esa ecuación. No tengo la respuesta, entonces vamos a generar preguntas. Y ahí te empieza a aparecer una productividad. Una obra mía muy interesante, titulada *La piojera: un procedimiento justicialista*, era una estación de tren que había quedado abandonada. Había quedado ahí el bar de una estación de tren, de las líneas que cerraron en los 90, que fue una gran hecatombe en esos pueblitos que vivían del tren. Se seguían sosteniendo allí, era la vida de esos tipos que vendían pajaritos, que uno veía antes en los trenes, o hacían queso. Entonces me propuse promover preguntas: qué pasó con esta gente, dónde están ahora, porque en algún lugar está. Después de eso se empezó a tematizar en la idea de que la obra también hablaba de la política, como por ejemplo *La patria fría*, un circo que compite con el tren solidario de Eva Perón y el público del circo empieza a jugar al tren solidario. Se empieza a tematizar esta idea de que aquello es gratis y esto no es verdad porque acá pagan una entrada para ver esto. Y ahora me empezó a pasar como una instancia de qué sería lo político del cuerpo, de la actuación. No de lo temático, no de la pregunta que instala, sino realmente de ese cuerpo, de esa actuación y qué teatro sostiene eso; cómo se puede hacer un teatro que sostenga un cuerpo político. No lo sé, no tengo ni idea. Lo voy a investigar. Que no sea el *happening*, esa idea más performática que a mí tanto no me interesa; a mí el relato todavía me interesa.

Gustavo: *¿Como el gestus en Brecht?*

Andrés: Claro, como algo de ese orden, pero que no se formalice. El tema es que Brecht es tranquilizador siendo marxista; para nosotros es más jodido. En realidad no lo sé bien, pero me parece un desafío para empezar a investigar.

Lola: *¿Tiene que ver con deshacer la memoria que está incorporada en tu cuerpo?*

Andrés: Puede ser. No lo sé, puede ser, como el hábito, el *gestus* y el hábito.

Gustavo: *Entonces te entrevistamos dentro de cinco años para que nos hables de tus descubrimientos (Risas.) La última pregunta: ¿hay alguna pregunta que siempre quisiste que te hicieran como director y nunca te han hecho?*

Andrés: ¡Qué responsabilidad!

Lola: *O algo de lo que quisieras hablar.*

Andrés: Mejor por ahí. Porque no sé, a lo mejor la pregunta ya me la hicieron. Me gustaría decir, hablando como director (ya no solo desde la dramaturgia): la idea del actor, para mí el teatro es pura actuación, y la suerte que tenemos de poder contar con los actores que contamos. Trato de marcar esto siempre: la idea de la calidad técnica, estética, que tienen los actores; hay actores con los que hace diez años que estoy trabajando, somos como hermanos, y se produce entonces cierto vínculo que, como me decía un músico, que no es que somos amigos. Lo increíble de la música, me decía, del lenguaje musical es esto: vos podés tocar con un japonés con el cual no vas a hablar nunca una palabra porque él no habla tu idioma y vos no hablás el suyo, no tenés nada que ver en ningún aspecto (o en la mayoría de los aspectos) y sin embargo, empieza a sonar algo, el otro se acopla y empiezan a hacer un lenguaje juntos. Me parece que también pasa eso en el teatro, que los actores te obligan muchas veces a romper con tus propios prejuicios. Estás de pronto trabajando con una actriz que viene de la escuela tal y es genial, y te conmueve—como me pasó a mí con los chicos de la Universidad del Salvador, cuando me llamaron para trabajar ahí, me servía el laburo, era básicamente un laburo en blanco, y yo iba con mucho prejuicio, porque pensaba que era una universidad católica, privada—y me apareció un grupo con el que dirigí *Alguien mejora*, estuvieron un año y medio en cartel, nos fuimos al Festival de Blumenau en Brasil. Mi prejuicio con esos chicos era estúpido: chicos de country, que estudiaban en esa Universidad… Y no, eran unos actorazos los pibes. Tenían muchas ganas de actuar, eran unos actores increíbles.

Gustavo: *Ellos no tienen la culpa de ser de country (Risas.)*

Andrés: Obvio. Eran buenos chicos, con ganas de actuar. Trabajo con actores que no tienen un mango para comer y les buscamos laburo, y actores que vienen en un BMW. Y nos juntamos todos ahí y en ese amasijo nos divertimos y hacemos un montón de cosas. Eso está bueno. Eso es lo que te dan los actores.

Lola y Gustavo: *Te agradecemos mucho que nos hayas brindado esta entrevista.*

Gabriela: *Y yo les agradezco a los tres por dejarme participar de esto.*

MARCELO SAVIGNONE

Realizada el 11 de junio de 2015

Gustavo: *¿Qué es para vos dirigir?*

Marcelo: La dirección a mí me interesa en cuanto a poder manifestar un punto de vista muy claro del sentido de la obra, del sentido de la escena; es lo que más me interesa, a través de encontrar signos que puedan construir un lenguaje y encontrar dicho sentido. También busco que el actor se conecte con lo esencial, con el sentido. Me interesa el cuerpo que entiende lo esencial.

Gustavo: *¿Trabajás con textos que vos escribís o que escribieron otros, o las dos cosas? ¿O hay un proceso de creación del texto con el grupo?*

Marcelo: Trabajo sobre creaciones colectivas, principalmente en el estudio; tengo una escuela, de la cual no hago muestras sino que cada tres o cuatro años monto un trabajo con la gente que entrena ahí, con cierto grupo. Ahí realizo una creación creativa orientada a generar textos; después he trabajado sobre creaciones colectivas mías, sobre mis personajes de creación y sobre Chéjov: los dos últimos trabajos fueron sobre Chéjov, *Tío Vania* y *La gaviota*. Monté esos dos. Anteriormente monté un *Hamlet*. Ambos procesos me interesan.

Gustavo: *¿Versionados?*

Marcelo: Son adaptaciones, una versión en un nuevo contexto; me interesa que lo clásico del teatro no pierda de vista su presente.

Gustavo: *¿Has tenido la experiencia de escribir, dirigir y actuar en un mismo espectáculo?*

Marcelo: Siempre realizo los tres roles: escribo, dirijo y actúo, y también lo produzco. A excepción de esos montajes de escuela.

Gustavo: *¿Cuál es la ventaja o dificultad de cubrir esos tres o cuatro roles simultáneamente?*

Marcelo: Dificultades todas. Ventajas es que a lo largo del tiempo pude encontrar una poesía que me pertenece. Esa es la gran ventaja. Dificultades: cada vez que encaro un proyecto, todas las que se te puedan ocurrir; absolutamente mi actuación queda delimitada de los otros roles.

Gustavo: *¿Tienes alguna otra persona que te ve cuando estás actuando?*

Marcelo: Tengo un gran equipo de trabajo. Y también recurro a la filmación, voy mostrando lo que voy haciendo. Cada dos meses invito a gente a ver; voy trabajando sobre un diálogo que, para mí, va más allá de las palabras. Me gusta percibir cuándo un espectador está interesado y cuándo no. Nunca perder de vista eso a lo que me dedico con pasión.

Gustavo: *Estos procesos, ¿tienen alguna fecha fija de estreno? ¿Te ponés una fecha previa o la vas fijando durante el proceso?*

Marcelo: Manejo ciertas fechas porque me sirven como construcción en el tiempo, como objetivo, como foco, como atención; y luego me enfoco libremente a entender si la obra está o no está. En general, mantengo, cumplo los límites que me planteo porque me inspiran los límites. Me inspiran a producir la teatralidad.

Gustavo: *Y una vez que la obra se ha estrenado, ¿tiendes a hacer ajustes?*

Marcelo: Sí, sigo ensayando dos meses o tres después del estreno de la obra, también sigo luego filmando, ajustando, y cada vez más simplificando. En general lo que tiendo a hacer es empezar a limpiar mucho, voy sacando lo que está de más, puliendo, hasta que en un momento ya no hay nada más que tocar. Me mantengo muy atento a mi madurez; lo que tiene el teatro es esa posibilidad de que, cada vez que lo hacemos, vamos experimentando y madurando. La maduración, para mí, siempre se acerca al silencio; uno tiende a poder silenciar más cuando madura, opuesto a la adolescencia que quiere decirlo todo y que lo entienda todo el mundo.

Gustavo: *Cuando mueves una obra del espacio para el cual fue creada, cuando sales de gira, ¿tienes exigencias máximas o mínimas para moverla, te adaptas?*

Marcelo: Depende del trabajo. Hago improvisación con máscaras balinesas, que se llama Vivo, porque ahí me adapto al espacio, ésa es la experiencia con *La gaviota* o con *Tío Vania*; soy bastante específico en este caso con respecto a producir el lenguaje que hemos construido. Entonces hay ciertos teatros que no me benefician. Soy bastante preciso en ese material. En otros, no. Dependerá del material, de la obra, de cuál es la experiencia que quiero compartir con el espectador.

Gustavo: *Leí que has estado en Indonesia. ¿Qué fuiste a hacer allá?*

Marcelo: Fui a buscar las máscaras balinesas. Fue fundamental en mi camino.

Gustavo: *¿Cuánto tiempo estuviste allá?*

Marcelo: Alrededor de unas siete semanas. De por sí, el ir hacia allá, fue importante; siempre que uno emprende un viaje con un sentido, todo adquiere mayor transcendencia. Cuando fui a estudiar a Londres, también hubo algo especial; ya había pasado por Londres, pero ir a estudiar produjo una transformación en mí. Y la adquisición de estas máscaras y poder dedicarme a profundizarlas, las convirtió en mis herramientas primordiales a la hora de pensar cómo hago teatro, cómo lo encaro. A pesar de estar haciendo *La gaviota*, cuando estábamos un poco tristes, sacaba las máscaras; nos ponemos las máscaras y funcionamos desde ahí, porque éstas viven a través de la sinceridad, de lo verdadero, de la realidad; muchas veces la tristeza de un proceso es porque no estamos siendo sinceros, no nos gusta lo que estamos haciendo, pero no nos atrevemos a decir que no nos gusta. Y eso empieza a hacer toda una bola adentro que termina en hipocresía. Pero como el teatro derriba hipocresías, derriba apariencias, la sinceridad siempre va a ser la aliada.

Gustavo: *¿Cómo seleccionás a los actores para tus trabajos?*

Marcelo: A mí me interesa mucho, por un lado, la persona (dentro de lo que uno pueda conocer a alguien); por otro lado, que tenga cierto acercamiento al lenguaje que vengo desarrollando y, por otro lado, que le ponga muchas ganas, que le ponga garras, eso es fundamental. No soporto una actuación sin ganas. Lo que me interesa es que el que tengo al lado trabajando tenga ganas de viajar, ganas de que ese día hagamos teatro.

Lola: *O sea que no te importa tanto de en qué escuela está formado...*

Marcelo: No. En general, muchos después pasan por el lenguaje, pasan por mi estudio, eso me interesa a veces, y otras veces no. Pero sí me importa mucho la posibilidad de que haya ganas de no hacer un teatro cómodo, ganas de poder permitirnos que, cada vez que nos encontramos a hacer teatro, eso se convierta en un ritual. Creo en el teatro como una herramienta de transformación.

Lola: *¿Cómo experimentas ese paso? Hablas de una transformación, una especie de conversión, ¿en qué consiste ese paso? ¿Cómo lo detectas?*

Marcelo: En principio hay muchas cosas que suceden físicamente. Por un lado, cuando nos reencontramos con la niñez, cuando uno puede empezar a ver en los ojos cierta mirada que se reencuentra con la niñez. Es como el espectador cuando empieza a abrir un poquito la boca. (*Risas.*) Hay algo de ese momento de transformación que tiene que ver con un reencuentro; uno se transforma cuando se reencuentra y acepta quién es. Creo que de los seis años en adelante tenemos una gran lucha por eso que nos han dicho de cómo deberíamos ser. Y uno a través del arte puede empezar a reencontrar quién es; y cuando lo hace, reencuentra sus inicios que están en la niñez y entonces se produce una verdadera transformación, porque de repente uno vuelve a adquirir esa libertad y esa inmoralidad tan inspiradora de la niñez.

Gustavo: *Aparte de las ganas, ¿hay alguna otra cualidad que tus actores tengan que tener sin la cual vos no podrías trabajar con ellos?*

Marcelo: No. No creo en el talento; creo mucho en el trabajo. Para trabajar conmigo, elijo gente que quiera trabajar. Creo profundamente en el trabajo, porque soy, para mí, una clara evidencia de trabajo y no de talento.

Lola: *En algún momento, en algún nivel, cuando estás en el proceso de ensayo o en las reescrituras de las adaptaciones que haces, ¿tomas en cuenta algún aspecto del género? ¿Te impacta en algún sentido?*

Marcelo: A ver si comprendo bien. Voy tratando de descubrir la pieza, descubrir el teatro que aparece. Ese teatro es una cuestión bastante compleja en cómo se produce: se produce por un lado por lo que yo puedo ver de ese autor, por lo que el autor me deja ver, por mi presente... En esa complejidad empieza a surgir algo y uno claramente se da cuenta de eso; empieza a ser algo cuando ya deja de pertenecerme. Es como que en un momento la creación ya no me pertenece y yo tengo que escucharla. Y es cuando se combinó algo mío, con el autor, con el grupo en que estoy, con mi presente, y eso adquirió un nuevo espacio, que es el de otra realidad... Cuando aparece el espacio de esa otra realidad, ahí confío plenamente en que hay que desarrollar eso que apareció. No tengo algo muy prefijado de lenguaje, si bien tengo cierto perfil, aparentemente, de lenguaje, algo físico en el teatro; pero de mi parte me entrego a cada proceso desde un espacio de absoluta inocencia.

Gustavo: *La pregunta de Lola apuntaba al género sexual, no a los géneros teatrales.*

Marcelo: ¿Me fui por otro lado?

Gustavo: *No hay problemas, teníamos también esa pregunta para hacerte, sobre si había algún tipo de género que te interesaba más, el drama, la tragedia, la comedia, etc.*

Respecto del género sexual, la pregunta de Lola apuntaba, por ejemplo, a si había diferencias al dirigir a un actor o a una actriz, si en parte del proceso de trabajo (en ensayos, reescrituras, adaptaciones, actuación) emergía la cuestión del género sexual, en roles, por ejemplo.

Marcelo: ¿De cambiar el género?

Lola: *No. Sino de cómo tratar en el texto, por ejemplo, la cuestión de las mujeres, cómo los personajes femeninos se mueven en la escena. En ese sentido, la cuestión del género, ¿surge, te preocupa, no emerge?*

Marcelo: No me lo pregunto demasiado, me parece que una mujer sabe cómo decir sus textos. Es más, yo aprendo más que imparto.

Gustavo: *¿Te es más difícil dirigir a los hombres que a las mujeres?*

Marcelo: No.

Lola: *¿Es más difícil crear personajes femeninos que masculinos?*

Marcelo: Pienso que la mujer tiene más capacidad de construir al hombre que el hombre a la mujer. La mujer tiene mayor capacidad de recibir, mayor capacidad de ver, eso de la cuestión maternal. El hombre tiene, para mí, un poco más restringido el acceso a algunas cuestiones de composición de personaje. En mi caso, compongo mujeres con las máscaras, pero no es mi virtud. De verdad, nunca me lo planteé demasiado. Sé que como hombres tenemos una limitación, que es también una limitación de masa corporal: por ejemplo, para ser Ofelia me ponía la máscara en la espalda, porque mi espalda sí lograba cierta femineidad.

Gustavo: *¿Vienes de la actuación y pasaste a la dirección?*

Marcelo: Sí.

Gustavo: *En ese sentido, ¿te identificas con algunas de las técnicas, de las escuelas de actuación? Me refiero a otro tipo de formación, ya no la de las máscaras.*

Marcelo: Mi formación se basa en Lecoq, en la técnica francesa. Después atravesé todas las técnicas, es decir, desde Strasberg a Stanislavski, al teatro antropológico, a maestros de acá, a dramaturgos, la danza…Soy un curioso de la formación como de la lectura teórica de formación. Mi base está dada por Lecoq, inspirado también con Ariane Mnouchkine, que es un referente mío. Luego, si tengo que hablar de mi comienzo de actor, mi pedagogía y mi dirección surgen desde la mirada del actor, para mí el teatro surge del actor. Es él el que empieza a producir el oficio teatral. En mi caso, soy actor que entiende de dirección, que comprende algo de dramaturgia y que puede dar clases.

Gustavo: *¿Trabajas con asistente de dirección? ¿Qué tareas le asignas?*

Marcelo: Sí. Le pido que esté atento a mi rol, que mire tal punto particular que necesito ver, que me haga acopio de textos; a veces trabajo con un coach, que me 'coachea' específicamente a mí. A veces un asistente me reemplaza y monto con él. Voy ideando lúdicamente todo lo que pueda llevarme a profundizar una pieza de teatro. Me parece importante que este peso que es dirigir y actuar se realice a través del cuerpo. Creo y juego a través del cuerpo. Por ejemplo, hoy nos cambiamos todos los vestuarios. La idea es que el encontrarnos a ensayar tenga un condimento del tipo "hoy no sabemos qué va a pasar". Eso me interesa mucho.

Gustavo: *Dijiste antes que eras el productor de tus espectáculos. ¿Cómo se producen?*

Marcelo: Los produzco con una productora, que se llama Producciones Belisario. Vamos teniendo muchos espectáculos, lo cual una parte va destinada a la producción. Esa producción produce otro espectáculo. A su vez tengo la escuela que tiene un material importante a nivel de ingresos como para poder producir y en este caso de *La gaviota*, tenemos el apoyo de Iberescena. A veces también del INT o de ProTeatro. Pero el primer elemento fundante con respecto a la producción es Producciones Belisario, del cual soy el referente.

Gustavo: *¿Cuánto dura un proceso para realizar un espectáculo?*

Marcelo: A mí me dura un año, más o menos; no puedo bajar del año, no soy comercial todavía. En dos meses no saco nada. Quizá en unos años, pero me voy a arrepentir.

Lola: *¿Qué arte te influye más o con la que tienes más afinidad? ¿La música, la pintura, la danza...?*

Marcelo: Soy músico también; toco guitarra, celo, percusión. Mi ex mujer es artista plástica y creo que me influenció bastante. El cine me influencia muchísimo; me gusta ver mucho cine. Pienso el teatro como una combinación de otras artes. Pienso la música, pienso absolutamente todo.

Gustavo: *¿Cuándo se incorporan los técnicos o creativos, como el iluminador, el vestuarista, al proceso?*

Marcelo: En el proceso de ensayos, yo hago una primera reunión con todo el equipo, con todos, y les cuento qué proyecto quiero, qué voy a hacer. Empezamos un poco a conversar. Hay una idea madre: quiero que esta obra esté ambientada de cierta manera; en el caso de *La gaviota*, por ejemplo, quiero que sea actual, pero a su vez que no hable de que la estamos haciendo aquí en capital, en Buenos Aires. O el *Vania* que sea atemporal, pero que no hable de eso, pero que hable más del 1900. Entonces empiezo a situar la obra, doy algunas reglas y después me dejo llevar. Confío mucho en el equipo que tengo, recibo y me gusta mucho que surjan cosas que yo no pensaba. Y la gente que trabaja conmigo tiene un poco esa filosofía, sabe que me tiene que proponer. Pero el primer día, como actores, sabemos el texto y hacemos una propuesta de vestuario también. La hacemos nosotros; después la vestuarista ve y cambia y confecciona algo parecido. En la música trabajo todo el tiempo, porque al principio la música es importantísima; más que nada, cuando hay mucho silencio, la música hace bien para no ponernos solemnes. Voy dirigiendo la música muy intuitivamente. Al principio todo es muy intuitivo, muy azaroso, para después todo tener un sentido; absolutamente todo tiene un por qué está en la obra. La primera etapa es casi como decir "esto no lo vamos a estrenar"; todo el mundo sabe que, como está así, no se estrena.

Eso es claro, no se va a estrenar así; pero ahí va a haber algo que tiene que ver con perdernos un rato para encontrarnos más profundamente.

Lola: *¿Tienes alguna técnica, a nivel consciente, para pasar del cine al teatro?*

Marcelo: Lo que planteo es abordar la técnica de Francis Bacon, que él manchaba la tela y ahí definía un poco el cuadro. Entonces yo mancho el espacio, mancho con el cuerpo, con acciones, y a partir de eso empiezo a definir la obra. Eso es lo que tengo como más concreto. Después, cuando llega la etapa de luces, sé que ahí el cine se me pone en juego. Cuando empezamos a iluminar, yo trabajo con el concepto cinematográfico: iluminar una parte, componer... Compongo el espacio como me interesaría que el espectador lo vaya viendo. Casi llevando al espectador como una cámara con la luz. También compongo el todo: si uno ve la obra, siempre suceden algunas cosas a la vez; a mí me gusta porque eso rompe la solemnidad. Es mi punto de vista. Estoy en una etapa muy joven todavía del desarrollo, espero que en unos años tenga todo un poco más claro, aunque sea la vida.

Lola: *Eso va a ser lo más difícil. (Risas.)*

Gustavo: *En cuanto al espectador (no el público porque nunca sabemos bien quién es), ¿tienes algún perfil de espectador que incide durante el montaje? Me refiero a si es local o internacional, a nivel de género o de edades...*

Marcelo: Yo. Yo soy el espectador, trabajo para mi espectador, que me guste lo que veo, que me interese lo que estoy haciendo. Trabajo para mi gusto que sé que no es una idea, sino algo más esencial, que me conmueve verdaderamente. Cuando me conmuevo verdaderamente, sé que puedo llegar a conmover a otros.

Lola: *¿Y allí das por terminado? ¿O es algo temporal?*

Marcelo: Temporalmente. En el proceso del teatro uno abre, cierra, abre, cierra, constantemente; después cada vez abre menos y cada vez cierra más rápido. Pero siempre está ese ida y vuelta de la creación.

Gustavo: *¿Cuál es para vos, como director, la mayor dificultad que presenta la dirección?*

Marcelo: Primero, seguir descubriendo; me parece que uno podría acomodarse en ciertas cuestiones conseguidas; seguir activo, seguir curioso como artista, ése es un muy buen tema para nosotros los directores o creadores. La segunda dificultad es poder cada vez más acercarme a lo esencial. Eso me tiene ocupado: cada vez más poder dar con algo que hable de lo esencial. Son los dos lugares en los que, como director, se me generan grandes preguntas.

Gustavo: *¿Qué directores te han impactado? No digo influenciado, porque tal vez no hay nada de ellos en tus espectáculos. ¿Podrías mencionar algunos a nivel nacional o internacional?*

Marcelo: Europeos, Ariane Mnouchkine ha sido muy importante; Sasha Waltz en danza, la gente de ella. También Pina Bausch, Peter Brook, Brecht, son personas que me han hecho pensar el teatro, que he podido ver. Sobre todo me interesa mucho lo que plantea el trabajo de danza. Principalmente, en Europa, diría que Ariane Mnouchkine es alguien que a mí me hace sentir que tengo un guía. A nivel nacional, Bartís ha hecho un gran trabajo como director, también lo ha hecho Pompeyo [Audivert]; en su momento también El Clú del Claun, La Banda de la Risa, los principios de Los Macocos, la Pista 4, Ciro Zorzoli como de la última etapa; la primera etapa de Veronese, hemos tenido gente demasiado buena para uno quedarse dormido en los laureles. Hay mucho teatro y muy buen teatro en Buenos Aires; la verdad es que no nos podemos quejar del teatro que se hace aquí.

Lola: *¿Y de Latinoamérica?*

Marcelo: De Latinoamérica me ha gustado mucho lo de Arístides Vargas, de Ecuador, me parece fascinante lo que hace. La gente de Pataclaun, de Perú; en Chile la gente de *La Negra Ester*, me parecen de mucha importancia; también todo el trabajo que se hace con respecto al clown en Brasil es importante. A mí me interesa todo lo que es la tradición de

Latinoamérica, que tiene un caudal enorme de inspiración para quienes hacemos teatro. Todo lo que es la fiesta latinoamericana hace de Latinoamérica un lugar de ritual. Eso es bien provocador.

Lola: *¿Cuánto hace que vienes haciendo teatro?*

Marcelo: Empecé a estudiar en el año 1992 y a partir de 1996 ya empecé a producir mis espectáculos. Son casi veinte años. Empecé con un grupo llamado Sucesos Argentinos y ahí éramos todos productores, y a partir de eso no me bajé ni de la producción ni de la dirección ni de la escena todos los fines de semana. Desde 1996 todos los fines de semana de mi vida los paso en un teatro.

Gustavo: *¿Con qué estética te identificás más? ¿El realismo, el grotesco?*

Marcelo: Me identifico mucho con el movimiento, con la ensoñación, con el realismo mágico. Me interesa mucho eso; es ahí donde mi imaginación corre. Por ejemplo, en *Tío Vania*, Serebriakov era un muñeco, entonces lo manejábamos, lo manipulábamos. Eso a mí me inspira más que si está Serebriakov ahí y le diga "cómo puede ser que quieras vender la finca".

Lola: *¿Cuál es tu relación con la crítica? Tanto la académica como la periodística.*

Marcelo: Mi relación con la crítica es buena, me tratan muy bien.

Lola: *¿La sigues, impacta en tu hacer, en tus proyectos futuros?*

Marcelo: Sí, todo impacta. Trato también de ir comprendiendo todo lo que va sucediendo, darme le tiempo de comprender; por qué se dicen tales cosas, por qué no se dicen, por qué alguien entra a tal festival, por qué no se entra. Poder ver cómo las cosas van más allá de lo que uno hace, que el trabajo de uno gusta más allá de lo que uno hace; entender que hay otras cosas que se ponen en juego. Eso me ayuda a entender que todo es un juego y que yo tengo que hacer teatro y listo; en la medida en que sea sincero y alguien sea sincero con nosotros, uno, a pesar de que no le guste, lo agradece. Creo que la crítica puede agradecer que yo sea sincero con mi búsqueda.

Gustavo: *En cuanto a la promoción, ¿te importa, te involucras?*

Marcelo: Si, me involucro, me importa que venga gente a ver lo que hago; vivo de esto, es mi gran tema, me gusta y trabajo con un equipo como profesional; usamos las redes sociales. Ayer una parte del equipo salió a pintar unas manos de *La gaviota*. Todo lo que podamos hacer para que lo que creamos, que es lo que queremos hacer, se conozca, lo vamos a defender; y hay muchas cosas que no están en nuestras manos pero aquellas que están, hagámoslas. Una es la difusión.

Lola: *Entonces tienes tu productora, tienes tu estudio con alumnos donde das talleres, y además produces teatro.*

Marcelo: Produzco *mi* teatro. No tengo ese perfil. Tengo un teatro también, que es Belisario, y lo estoy vendiendo porque ya no lo programo; no me gusta programar teatro. Me gusta crear teatro. No soy quién para decirle a alguien si puede o no estar en mi espacio. No me siento cómodo en ese rol. Pero todo lo que se relacione al desarrollo del camino, ahí estoy, con la escuela, construyendo una filosofía de trabajo, con las obras que puedo crear.

Gustavo: *¿Hay alguna pregunta que siempre quisiste que te hicieran como director y nunca te han hecho?*

Marcelo: La verdad que no. (*Risas.*) No. Porque no siento que sea alguien que tenga mucho que decir. Entonces por ahora todo está muy bien, quizá en diez o quince años diga "es hora de que me pregunten esto" porque me di cuenta que no me lo vienen preguntando. Por ahora siento que lo que voy contestando es lo que puedo y no me planteo todavía nada más. Estoy en plena construcción.

Lola y Gustavo: *Muchísimas gracias, Marcelo, por llegarte hasta aquí y brindarnos esta entrevista.*

MARIELA ASENSIO

Entrevista realizada el 22 de junio de 2015

Lola: ¿Qué es dirigir para ti?

Mariela: En principio es la posibilidad de poder plasmar ideas en lo concreto, poder traducir escénicamente aquello que imagino o que pienso o que escribo; básicamente es el medio que encuentro para poder traducir ideas.

Gustavo: *¿Cómo concilias tu rol de dramaturga con la actuación y la dirección? ¿Has realizado todos los roles en un mismo espectáculo?*

Mariela: Me formé como actriz y empecé a dirigir porque quería actuar, y empecé a escribir para tener algo que dirigir. Todas las cosas me fueron llevando al todo. Lo que me di cuenta con el tiempo es que lo que a mí me interesa es la creación. No me considero una sola cosa: ni dramaturga, ni directora ni actriz. Me considero una creadora. Me pasa que la escritura está 100% ligada a la escena. No me interesa la escritura como un fin en sí mismo; me interesa escribir porque sé que lo voy a dirigir. Y me pasa también que dirigir me gusta en la medida en que dirijo lo que yo escribo, porque me interesa la totalidad. Eso no significa que haya circunstancias en las que solo escribo o solo dirijo, pero son totalmente eventuales.

Gustavo: *¿Has dirigido textos de otros dramaturgos?*

Mariela: Sí, lo he hecho, pero en situaciones muy marcadas, un ciclo o un festival, pero nunca como un proyecto que yo gesto, sino como algo que me convoca y que por alguna razón me motiva a hacerlo. En instancias de producir, me interesa pensar la escena como una totalidad en la que yo estoy involucrada: para mí escribir y dirigir son como una misma cosa.

Gustavo: *Cuando actúas y diriges, ¿cómo te ves? ¿Es más difícil dirigir o actuar, que dirigir a otros?*

Mariela: Lo que me pasa es lo siguiente: la primera vez que actué en una obra mía fue este año en dos circunstancias diferentes. En *Malditos (todos mis ex)*, porque la actriz que hacía uno de los roles era extranjera y se volvió a su país y cuando yo tuve que decidir qué hacer, tomé la decisión de hacerlo yo. La obra ya tenía dos temporadas encima, por lo cual no es lo mismo entrar hacer un rol que vos ensayás para estrenar que un rol que ya está súper probado. No me pienso a mí misma en el rol; en realidad fue esa circunstancia la que me llevó a actuar. En donde sí me pensé a mí en la escena es en *Vivan las feas* y podría decirte que es la primera obra en la que yo estoy en escena, o sea que está concebida desde el principio como una obra en la que yo voy a estar en escena. Pero no estoy actuando, hago de mí misma.

Lola: *Pero lo mismo ocurre en* Malditos (todos mis ex).

Mariela: Claro, lo que pasa es que en *Malditos*, en el texto original, es una actriz que podría ser cualquier actriz. Lo que hice cuando entré a hacer el rol fue legitimar que soy quien la escribió. Pero es un agregado, el texto original no contempla eso. En el texto original la actriz legitima que es la protagonista de la historia. Yo, al ser la autora y la directora, legitimo que soy la autora-directora, pero es como un plus que le aporté al hacerlo yo. En cambio, en *Vivan las feas* la obra está concebida desde el texto para que uno de los roles sea yo. De modo que la directora está en escena y eso está en el texto.

Lola: *¿Está publicado?*

Mariela: No, *Vivan las feas* no se publicó. *Malditos*, sí. Por lo tanto, la circunstancia de actuar en una obra mía fue casi accidental en un caso y por una decisión conceptual e ideológica en el otro. No porque me interese especialmente actuar en mis obras.

Lola: *¿Cuál fue esa decisión, qué te llevó a eso, cuál era el objetivo?*

Mariela: *Vivan las feas* es una obra en donde tres mujeres de generaciones diferentes expresan lo que implica ser mujeres en este mundo. Una mujer de 20, una de 40 y otra de 60; tres instancias muy diferentes a nivel generacional, pero atravesadas por una misma cultura en donde ser mujer implica determinadas cosas, culturalmente hablando. La obra entonces, de alguna manera, cuestiona ese lugar dado a la mujer desde la circunstancia cultural y de lo que se va construyendo. Y una de las cosas que cuestiona es el tema de la belleza, el cuerpo, la juventud, "el mito de la belleza" como lo llamó Naomi Wolf en un libro genial. Lo que yo hago en escena es hacer de mí misma mostrando mis contradicciones como mujer respecto de ese tema. Yo estoy toda la obra haciendo una única acción (que no se las voy a decir así la vienen a ver) y lo único que hago en la obra es una cosa, pero lo hago desde mí. Las actrices todo el tiempo están en referencia a esa persona, como que soy yo. Y decidí hacerlo yo porque me parecía que si era yo quien le ponía el cuerpo a la idea, la obra adquiría una consistencia política que, si no era yo, no la iba a tener. Como instalar esa idea de que "lo personal es político" y desde la ficción, romper la ficción con la no ficción. Y estar presente como mente creadora de ese espectáculo, en primera persona, me parecía que le aportaba un riesgo a la obra que si se ficcionalizaba no lo iba a tener.

Gustavo: *¿Qué es lo que dispara tus espectáculos? ¿Qué te captura: una imagen, una idea?*

Mariela: Depende. Cada espectáculo es diferente. A veces son temas que me interesa desarrollar, por ejemplo, en la obra que acabo de estrenar, *Nadie quiere ser nadie (historias de la clase media)*, hacía tiempo que quería hablar de la relación de las personas con lo material. Estoy haciendo un trazo gruesísimo, pero me interesaba cómo las personas se relacionan con su construcción en el tiempo en términos de tener. Esa idea de "sos lo que tenés", tan del sistema capitalista en un punto. Me parece que una de las cosas que yo observaba es que la clase media, en general, está siempre en una energía aspiracional, como que le cuesta mucho estar satisfecha con su realidad. Está todo el tiempo aspirando a otra cosa o resintiéndose por aquello que no le sucedió. Y una de las cosas que hice fue empezar a entrevistar personas diferentes y a todas les hice las mismas preguntas y una de las cosas que pasaba, aun en la diversidad, era que a todas les pasaba algo parecido respecto de la inconformidad. Nadie tenía un presente que se parezca a lo que soñó. Eso me parece tan de la clase media en un punto—aunque la clase media es muy amplia, muy variopinta, hay gente de clase media que es monotributista y hay gente de clase media que vive en un country, es muy amplia—pero una de las cosas que me daba cuenta es que hay un sector social que está muy atravesado por la idea del tener, de acumular. A partir de esta idea, entonces, empecé a pensar una obra.

Lola: *¿Cómo se desarrolla luego el proceso para llegar a las obras?*

Mariela: En una primera instancia, la que es más íntima, hay un tiempo de maceración de lo que quiero contar que es conmigo, es íntimo. Por ejemplo, para remitirme en concreto a esta obra sobre la clase media, empiezo a pensar que quiero hablar de un tema, empiezo a relacionar ese tema con otros, a investigar o mirar cosas, empiezo a asociar. Cuando un tema o una idea empieza a sobrevolar mi mundo, pareciera que todo conspirara para eso; entonces toda mi energía y todo se configura en función de eso. Cuando siento que eso en mí está clarificado de alguna manera, lo que empiezo a hacer es metodizarlo. Empiezo a escribir concretamente. Hay una instancia más caótica, más sensorial, más perceptiva mía, y hay otra instancia que es más metódica en donde ya directamente empiezo a trabajar sobre algo concreto.

Lola: *¿Eso ya es el texto?*

Mariela: Sí, eso es el texto. Y una vez que tengo el texto, empiezo a incorporar a los otros, a convocar a la gente y a ensayar.

Gustavo: *¿Cuál es el aporte del actor? ¿Esos temas o parte del texto se modifican durante los ensayos a partir del aporte del actor?*

Mariela: En general, la parte rectora es la actuación. Para mí con la actuación pueden aportar un montón. En términos generales, los textos no se modifican. Quizá cambio el orden de algo, pero no hay un trabajo de reescritura. Sí, obviamente me doy cuenta si algo sobra, si hay un orden que haya que alterar, pero cambiar textos es poco probable, básicamente porque la instancia de la escritura es una instancia que me lleva mucho trabajo. No empiezo a ensayar con un texto que sea un boceto. Claro, como dije, que me doy cuenta de cosas y las saco. En *Malditos* hay escenas enteras que saqué. En el texto que se editó está la obra tal cual se estrenó y hay un agregado con todas las escenas que quedaron afuera.

Gustavo: *¿Cómo haces la selección del elenco?*

Mariela: Depende. A veces convoco a gente de manera directa, como hice con *Malditos*, y a veces, como hice con *Nadie quiere ser nadie*, hago audiciones.

Lola: *¿Con qué criterio convocas a la gente? ¿Qué tienen que tener tus actores o actrices preferidos?*

Mariela: En general, lo que a mí me interesa de los actores es que tengan impronta personal. A mí no me interesa mucho la técnica ni que sean muy virtuosos; a mí me interesa la gente que, por algo, es singular. Busco eso en los actores: que sean singulares, que sean y tengan verdad en eso que son. De hecho no me interesa el actor muy actuado. Me interesa más la gente que tiene algo que la caracteriza, que la vuelve personal.

Lola: *Esta pregunta que te voy a hacer es un poco inútil refiriéndose a ti, por lo que he visto y por lo que has dicho. ¿Cómo te relacionas con el género en tus producciones? ¿Dónde entra? ¿Es algo planeado, pensado o es algo que naturalmente te va saliendo?*

Mariela: Es algo natural. Creo que si yo intentara bajar una línea, sería un bajón. Me parece que el arte en ese sentido es amoral o inclusive hasta inmoral; intentar enseñar no es algo que me interese. Sí, creo, que cuando uno tiene una posición tomada frente a las cosas, tiene una ideología y tiene una manera de ver el mundo y la vida, inevitablemente eso todo el tiempo se traduce y se fija en lo que hacés. Siempre me preguntan si mis obras son feministas. Y lo que yo digo es que mis obras no son feministas, son obras; *yo* soy feminista. Es difícil, si yo soy feminista, hacer una obra que no lo sea. Pero yo *no* me propongo hacer una obra feminista. Tengo una manera de ver el mundo y lo que cuestiono del mundo, lo que me hace ruido del mundo, inevitablemente aparece de alguna manera traducido en lo que hago.

Gustavo: *A nivel de la dirección, ¿te es más fácil o más difícil dirigir mujeres u hombres?*

Mariela: No, es indistinto. Son personas.

Gustavo: *Cuando concibes un proyecto, ¿partes de imaginar un espacio frontal, a la italiana, o bien intentas otros diseños?*

Mariela: Depende de donde vaya a estrenar; en eso soy muy concreta. Cuando hice *Malditos*, sabía que la iba a hacer en el Teatro del Pueblo, que es tri-frontal, entonces ensayé la puesta tri-frontal. En *Nadie quiere ser nadie* sabía que la iba a estrenar en el CELCIT, que es bi-frontal y ensayé la puesta bi-frontal. Lo que construyo es en función de la realidad.

Lola: *Y si sales de gira, si viajas, ¿cómo te las arreglas con el cambio de espacio?*

Mariela: Muy bien. Por ejemplo, *Malditos*, que está desde hace tres años en una sala tri-frontal, viajó a un montón de ciudades y siempre la puse frontal, porque la tri-frontalidad es muy atípica en las ciudades. La adapto al lugar; soy muy práctica. Voy al lugar donde hay que hacerlo, lo reorganizo y se hace.

Gustavo: *¿Trabajas con productor?*

Mariela: Con un productor ejecutivo.

Gustavo: *¿Cuáles son tus exigencias, tus demandas?*

Mariela: Toda la parte productiva del espectáculo la delego. Delego bastante en mi equipo. No soy una directora que quiere hacer todo. En ese sentido, soy muy dadora del espacio. De hecho, una de las cosas que me dice mi asistente artística—que es como mi mano derecha—es que a veces es más difícil ocupar el espacio que doy porque justamente, cuando le das el espacio al otro, hay que ocuparlo. El productor hace todo lo que no es artístico y cuanto menos me consulte, mejor. Esa es mi política.

Lola: *Confías plenamente en la persona.*

Mariela: Obviamente que me consulta, pero siempre le digo a mi productora, lo que le trasmito todo el tiempo, es que trate de ser lo más independiente posible, que pueda decidir más allá de mí.

Lola: *¿Y al asistente de dirección qué tareas le asignas?*

Mariela: Para mí es fundamental, es mi mano derecha; es la persona que, si yo no estoy, es como si yo estuviera.

Lola: *O sea que le das total atribución.*

Mariela: Absolutamente. Si yo no estoy, la devolución artística la da ella.

Lola: *¿Y qué otros roles realiza?*

Mariela: A veces una cosa más cooperativa: probar sonido, supervisar que todo esté en orden, toda la parte logística con el equipo de información. Por ejemplo, en *Malditos* tuvo que reemplazar actores y los reemplazos los preparó mi asistente, porque yo estaba muy ocupada y no podía enfocarme en eso. A mí me interesa trabajar con gente que tenga la capacidad y la personalidad para desarrollar lo que haya que hacer y no para que sea como un secretario.

Lola: *¿Cómo te ubicas en el panorama del teatro argentino hoy?*

Mariela: No tengo idea. Creo que es muy difícil tener un registro de uno mismo. Me parece que, en general, son los otros los que se encargan de tener una visión o de ubicarte dentro de una totalidad.

Lola: *¿Y cómo te ves respecto de las generaciones anteriores?*

Mariela: No sé. No lo tengo muy claro, no es algo en lo que piense mucho.

Gustavo: *La cuestión del género dramático. ¿Tiendes más a la comedia, al drama...?*

Mariela: Mis obras, en general, tienen humor. No son comedias realmente, pero tienen humor; son cruelmente graciosas Te reís, pero podrías llorar, juega con esa dualidad.

Gustavo: *La imagen del espectador, no el público que finalmente viene a ver la obra; me refiero a cierto perfil del espectador, ¿juega algún rol durante el proceso de puesta en escena? ¿Te ayuda a tomar decisiones como directora?*

Mariela: No. Primero, porque es tan impredecible el espectador, nunca sabés qué le va a pasar con lo que le vas a proponer. Y después porque realmente el espectador en mis espectáculos es completamente ecléctico. Vienen pibes y pibas jovencísimos, y vienen señoras y señores grandes. Muy ecléctico y pasando por todo el medio. En *Vivan las feas*, eran todos de 60 años para arriba. Si quizás hubiera pensado quién iría a ver *Vivan las feas*, hubiera pensado en los adolescentes.

Lola: *La franja etaria que va a tus espectáculos, ¿se puede relacionar con los espacios en que se dan?*

Mariela: ¿En el espacio del teatro? Creo que en mis espectáculos, puedo percibir que pasa algo y es que hay como una convocatoria del espectáculo mismo. Hay lugares que tienen su público, pero los espectáculos también generan público, instalan público en esos lugares. Y mis obras, me parece, tienen cierto perfil de público que va, que es fiel.

Lola: *La gente que va al CELCIT, a la Comedia, al Teatro del Pueblo, no es la misma.*

Mariela: No es la misma, pero tampoco muy distinta. Es que es gente muy ecléctica en los tres espectáculos, va gente muy distinta.

Gustavo: *¿Qué arte o artes te motivan más al momento de concebir un espectáculo?*

Mariela: La música es algo que está muy atravesada en mi obra; todos mis espectáculos tienen un universo musical que los atraviesa. En todas mis obras, por ejemplo, hay música en vivo.

Lola: *Y no es un elemento decorativo.*

Mariela: No, es narrativo, construye la narración constantemente, está como parte del relato.

Gustavo: *¿Qué directores o directoras te han impactado—no digo 'influenciado', porque a lo mejor no hay nada de ellos en tus producciones—a nivel nacional o internacional?*

Mariela: Imaginate que yo empecé a formarme en el teatro en los 90, en el boom del Periférico de Objetos, cuando empezaba a surgir Veronese y toda esa gente. Tengo recuerdos muy concretos como *Máquina Hamlet*, cosas que vi a los 15 o 16 años y que indefectiblemente me marcaron, porque a esa edad ver una obra del Periférico de Objetos inevitablemente te va a romper el bocho, porque vino a romper algo, a instalar algo completamente nuevo y renovador en el panorama teatral y yo estaba empezando a formarme. En ese momento, para mí fue importante ver esas obras.

Lola: *¿Trabajas con fechas fijas de estreno?*

Mariela: Sí, soy muy organizada; tengo fecha fija, tengo pautados los días de ensayo, los horarios, todo.

Lola: *¿Cómo funcionas con los otros elementos escénicos: las luces, los vestuarios, el maquillaje?*

Mariela: Todo lo pauto en un cronograma de trabajo desde el comienzo.

Lola: *¿Pero en qué momento del proceso entran concretamente?*

Mariela: El iluminador sobre el final, cuando ya la obra está montada. El vestuario un poco antes. Viene la vestuarista a ver algunos ensayos. Los rubros entran más cerca del final; la música, en cambio, desde el día uno.

Gustavo: *Hablaste ya de tu productora ejecutiva, pero me gustaría saber si te involucras en el proceso de promoción del espectáculo, si te importa, si te interesa, si te molesta...*

Mariela: Sí, por supuesto me involucro. Volviendo al tema de la producción, debo decir que toda la coordinación de la producción la hago yo; lo que no hago es ejecutar; en cuanto a la estrategia general, no me desentiendo en lo más mínimo. El plan general de la producción siempre tiene que ver con una proyección mía que después la articulan los otros.

Lola: *¿Trabajas con agente de prensa?*

Mariela: Sí.

Lola: *O sea que trabajas con un productor ejecutivo, un asistente de producción y un agente de prensa.*

Mariela: Sí.

Gustavo: *¿Solicitas los subsidios del INT, de ProTeatro, etc.?*

Mariela: Sí.

Gustavo: *La crítica, periodística o académica, ¿cómo la recibes, aporta algo a tu tarea o impacta o te propone algo a tus proyectos futuros?*

Mariela: Aporta muchísimo en términos de difusión. Por supuesto que todo lo que sea difundir una obra siempre suma. Obviamente, hay críticas que son más elaboradas que otras. No todas las críticas son la misma. Encontrar críticos o críticas que realmente escriban crítica, no es lo usual. En general, es más tirado de los pelos. Igual a mí, todo lo que es difundir una obra, me encanta, es bienvenido. Ahora, en cuanto a cómo me relaciono con la crítica como fenómeno, me parece genial. Ahora si la pregunta es qué me pasa si la crítica es buena o mala, obviamente uno siempre quiere que le vaya bien, porque uno hace una obra para que le vaya bien; si la crítica es regular, es un bajón, porque la gente va a leer 'regular' y a lo mejor no va a ver la obra. En ese sentido me da pena. Después me ha pasado que para una misma obra, un diario me puso 'muy buena' y otro me puso 'regular'. La verdad es que no me creo ni regular ni muy buena. Es una obra que a alguien le pareció muy buena y a otra persona le pareció regular. En ese sentido, en el ejercicio de hacer, me volví una persona muy poco susceptible. No siento que me determine la mirada de los otros; me parece que opinar es lo más fácil del mundo, y además gratis. Es como en Alternativa Teatral, el público opina y está el que dice que la obra es genial y otro que dice que es una porquería. Es así, es parte del juego, no me resulta demasiado trascendente.

Lola: *Si miras hacia atrás en todas tus producciones, ¿ves diferencias, como una suerte de evolución en tu hacer?*

Mariela: No sé si 'evolución' es la palabra que cabe; pero sí 'transformación'. Veo transformación porque van cambiando los temas, las inquietudes, el foco se va poniendo en lugares diferentes. Por ejemplo, una cosa que observo en mi producción es que mis obras cada vez tienen menos cosas. He encontrado, con los años, una síntesis para poder contar. Mis primeras obras tenían escenografía y en *Malditos* hay cinco banquitos y en *Nadie quiere ser nadie* hay un sillón.

Lola: *¿Y en* Vivan las feas*?*

Mariela: No hay nada. Veo que cada vez necesito menos cosas para contar más cosas. En términos de evolución, no, porque cada obra habla de algo distinto, en un momento distinto, con una inquietud artística distinta, una búsqueda distinta. Es difícil pensarlo en términos de evolución. Si tuviera que pensar en algo que para mí fue evolucionar es precisamente eso: haber podido encontrar la posibilidad de contar mucho con poco.

Lola: *En términos de la actuación, ¿ves algún cambio, alguna línea?*

Mariela: Sí, me cuesta conceptualizarla, sé que está. Sé que si vas a ver una obra mía, vas a ver un cambio, como que hay un rasgo en lo actoral, en lo estético, pero a mí me cuesta mucho percibirlo. Puedo intuir que lo hay. Ahora que estoy promocionando la nueva obra y estoy haciendo más entrevistas, me doy cuenta que muchos de los que me entrevistan me hacen preguntas parecidas en relación a mi obra como con cierto rasgo 'rebelde'. Yo empiezo a intuir a partir de eso, pero no es que desde mí hubiera dicho que la obra es rebelde. ¿Me explico? En el ida y vuelta con el otro comenzás a darte cuenta de lo que por ahí generás, un poco, tampoco en demasía.

Gustavo: *¿Hay alguna pregunta que siempre quisiste que te hicieran como directora y nunca te han formulado? ¿Algo que te gustaría que te preguntaran?*

Mariela: No. Suponer que tengo algo para decir y que no he dicho, me parece que no es el caso.

Gustavo: *¿Has salido ya con tu obra al exterior?*

Mariela: Sí.

Gustavo: *¿Y cómo es la relación con el público extranjero, reacciona diferente?*

Mariela: No, me parece que hay como cierta universalidad en los temas. Ni siquiera hay que irse al exterior para ver esa diferencia. Ya si te vas a Santiago del Estero, a Salta, es otra realidad, otro público. En Santiago del Estero el público que vio *Malditos* en general no va al teatro. No es el perfil del público porteño, pero igual se la pasaron genial y se reían en las mismas partes. El ser humano, las emociones humanas son muy similares. Sí, obviamente, con *Mujeres en el baño*, que hice acá, que en su momento fue una obra muy "polémica", para decirlo de alguna manera, de esa obra hice una versión en México, que es una cultura mucho más machista que la nuestra (y eso que acá hay machismo, pero en México...) y la obra generaba humor y funcionaba, pero resultaba mucho más polémica que aquí, porque acá el público está más curtido que allá con ciertas cuestiones en el teatro. Esas cosas sí pueden ocurrir.

Lola: *¿En Europa?*

Mariela: En Europa hice obras que no hice acá...hice la dirección actoral pero... sí, se hizo acá, fue hace tanto que ya se me había olvidado. Pero no hubo gran diferencia.

Lola: *Una curiosidad mía. ¿Tienes algún otro proyecto en vista?*

Mariela: Acabo de estrenar *Nadie quiere ser nadie*; estoy agotada porque fue un medio año realmente muy activo. En julio voy a hacer cuatro funciones de un proyecto que hice con cinco ex alumnas que indaga sobre ser actrices. Se llama *Actrices del montón* e indaga sobre lo que es ser actriz para una actriz que no vive de ser actriz. Son actrices que trabajan de otras cosas, que es en realidad lo que le pasa el 90% de las actrices; son pocas las actrices que están realizadas. Es como una especie de documental performático sobre la vida de ellas en relación a la profesión de ser actrices para ellas, que trabajan de otras cosas, no viven de ser actrices y siguen sosteniendo su identidad como actrices a pesar de todo. Esto es lo próximo que voy a hacer y va a ser en el Centro Cultural Sábato. Es un experimento que está bueno hacer.

Gustavo: *Un placer conversar con vos.*

Lola: *Gracias por darnos la entrevista.*

PABLO GIGENA

Realizada el 24 de junio de 2015[7]

Gustavo: *¿Qué es dirigir para vos?*

Pablo: Dirigir es básicamente organizar y ordenar el espacio, las acciones, movimientos, ritmos y elementos que recepcionará el espectador en la obra, con el objetivo de establecer como preponderante la mirada particular que uno propone. Observar las cosas, la realidad o un fenómeno desde una perspectiva personal implica sin embargo reconocer que existen infinitos puntos de vista, conceptos disímiles desde donde analizarlos o percibirlos. Por ello, para dirigir honestamente, primero hay que "tener" una mirada particular que se diferencie de la maraña del mundo. El arte del director escénico consiste en hacer corresponder –con verosimilitud organizada y particular— su punto de vista o su mirada, con lo que percibirá el espectador. Pero antes de entrar a manejar los elementos dados, el alfabeto con el que se construye el hecho teatral (espacio escénico y público, actores, escenografías o dispositivos, vestuarios, luces, música, canto, etc.), el director debe convertirse en una especie de semiólogo, psicoanalista y sociólogo –sea amateur, inspirado o profesionalizado— para sonsacar la entraña del texto propuesto. Pero no con la intención de convertirnos en traductores fieles del autor, sino para reconocer, trastocar, afilar o manipular un texto dado, a nuestra manera e intención. Creo que uno como director debe ser artística e intelectualmente responsable de lo que hace. Por lo menos yo intento serlo. Y por ello creo que no sólo debemos barajar los conceptos a la vista, sino que uno debe desnudar a fondo los conceptos, sentidos, significados de la obra. En mi caso, como yo soy también autor, ello

---

[7] Lola no pudo estar presente durante la realización de esta entrevista.

implica desnudar, desmembrar mis propias ideas, obsesiones e impulsos, internándome en las piedras basales, inconscientes, y profundas que subyacen bajo lo que se nos presenta como meros conceptos básicos. Siempre hay una capa más profunda donde escarbar, y solo nuestra capacidad o incapacidad y la honestidad ponen un límite. El director es un organizador de sentidos, sentidos que a la vez deben congeniar con manejo de espacio, acciones y relación de escena con público. Director es quien transforma el concepto ideal de un asunto en un concepto material coherente consigo mismo, es decir indisoluble con su ideal.

Gustavo: *Como vos escribís, dirigís y también actuás, quisiera saber si en algún espectáculo te ha tocado hacer los tres roles. Y cuáles son las mayores dificultades, para vos, cuando estás actuando y dirigiendo.*

Pablo: Sí, muchas veces me ha tocado actuar en obras que dirijo. Ahora estoy actuando poco porque últimamente me hago cargo más de la dirección y la dramaturgia. Cuando actúo es porque estoy reemplazando a alguien, o sea que de hecho la obra ya está armada, y puedo ir controlando desde adentro, desde atrás lo que pasa, voy puteando, retando a los actores, organizando lo que sigue detrás de escena o entre bambalinas incluso. Pero actualmente en *De carne y trapo* se da ese caso. Es nuestra primera obra como grupo y ya tiene un recorrido de más de 20 años en escena, con parates y muchos cambios. La obra trata sobre un ventrílocuo y un muñeco. Y en esa obra actúo, y co-dirigimos con Noé Andrade. Es un texto inspirado en personajes de una obra de Ardiles Gray. Cuando dirijo soy muy concreto y estricto a la hora de definir acciones, trato de que nada quede al azar como para que un intérprete tenga que improvisar y por ello sin querer trastoque los sentidos de una escena o incluso de la obra toda. Por ello nunca dejo que los actores cambien cosas en escena. Pero en cambio en *De carne y trapo* nos damos esa libertad con Noé. Pero no por capricho, sino porque manejamos tan profundamente los sentidos, acciones y partes de la obra, y estamos tan conectados actoralmente después de actuar 26 años juntos, que podemos darnos ese maravilloso y enriquecedor lujo. Vamos trastocando pequeñas cosas —o grandes, a veces— tanto en ensayos como incluso en funciones. Nos hemos dado cuenta que así la a obra se ha ido profundizando, tanto en lo que nosotros sentimos al hacerla, como en la recepción del público. Haber escrito el texto para mí facilita el abordaje de la obra desde la dirección y la actuación, porque manejo los conceptos que rigen el devenir de los personajes, cosa que muchas veces los actores tardan en asimilar. Es decir que es una ventaja dirigir y actuar una obra escrita por uno mismo. Respecto a la dificultad mayor de actuar y dirigir al mismo tiempo diré que el mayor inconveniente es la mirada desde afuera, obviamente, la mirada del director que representa de alguna manera la forma en que ve el público las acciones. Cuando dirijo suelo corregir a los actores cosas que considero descompaginan los conceptos de la obra; ellos dicen "pero yo estoy sintiendo lo que hago", y yo les contesto: "pero yo te estoy mirando y estoy sintiendo lo que supuestamente va a sentir o pensar el espectador y para mí no va por más sentimientos que tengas". El que debe emocionarse es el público y no necesariamente los actores. Cuando uno está adentro, imagina cómo se ven desde afuera las acciones que uno hace. Uno puede estar muy entrenado en ello y muchas veces acertar. Pero no hay certeza como cuando un director mira desde fuera. Por ello para suplir esa falta solemos filmarnos durante ensayos y funciones, y luego nos reunimos a ver y analizar los videos. En algunas obras después de ver los videos hemos cambiado el orden de las escenas, la música, las acciones, el espacio, etc. Pero adentro o afuera siempre filmamos los ensayos para tener una segunda o tercera mirada sobre nuestras obras.

Gustavo: *Cuando son textos escritos por vos, ¿vas al ensayo con los textos ya listos y un proyecto de puesta, o llevas un borrador y eso se va reescribiendo durante el proceso de ensayo?*

Pablo: La verdad es que hemos venido trabajando de varias maneras. Antes de estos últimos cuatro años he estado llevando el texto ya determinado en su totalidad, pero nunca me he puesto a impedir cambios de los actores o propios; salvo que haya un significante muy fuerte, que no lo podés trastocar o mover. Nunca me he cerrado a que cambie la cosa. Siempre contrasté el texto con lo que se iba armando a nivel del movimiento escénico y en función de eso, confrontando texto con lo que veía, he llegado a cambiar o cortar diálogos, cambiar órdenes, cambiar incluso el sentido de partes finales. Por otro lado hay trabajos, sobre todo en los que la danza o el movimiento son preponderantes, en los que he dirigido a los intérpretes sin texto establecido, pero con conceptos plenamente bien definidos. En esos casos fui construyendo el alfabeto de la obra a través de improvisaciones, guiones que preparaba previamente. Así entre lo que lograba en los ensayos más lo que iba afinando como puesta en trabajo de mesa, tanto en soledad o trabajando con Noé, corregía el curso de las improvisaciones y definía cosas concretas para ponerlas en práctica en los próximos ensayos. Respecto a la puesta, en la primera entrevista con los intérpretes siempre llevo bocetos y conceptos en los que se basará el trabajo. Al empezar a ensayar una obra puede que no haya texto, pero conceptos y puesta están bien definidos siempre. Los conceptos están muy asociados a la particular relación público-escena que uno plantea y a la propuesta de puesta, y eso siempre lo tenemos definido desde el principio.

Gustavo: *Y una vez que la obra se estrenó y está en cartel, ¿también hay cambios?*

Pablo: Sí, nosotros somos "teatroskistas" porque representamos el teatro de "revolución permanente" (*Risas*). Nuestras obras cambian en cada ensayo y después de cada función. No es que hay cambios en la totalidad, pero de a poco vamos acercándonos a nuestro ideal. La velocidad o cantidad de esos cambios muchas veces dependen de la capacidad y apertura de los intérpretes, que muchas veces se resisten a cambios permanentes porque aún llevan encima el concepto decadente de que el proceso de una obra culmina con el estreno de la misma. De todos modos vale aclarar que por cambios uno entiende ir afinando el espectáculo en función de los conceptos, no porque sí.

Gustavo: *Esos cambios, ¿vienen por la influencia del público?*

Pablo: No, a pesar de que muchos cambios surgen de ver la obra y su relación dialéctica con el público, los cambios vienen más a cuenta de nuestra mirada. Es decir que no la cambiamos para más placer del público, sino para más afinidad con el concepto. Vamos viendo la obra y confrontándola con el público, pero los cambios no se hacen en base al aplauso o desagrado del público. Procedemos al cambio cuando vemos si algo está o no en función plena de las ideas que nos hemos planteado o las emociones que queremos que esto trasunte. Si vemos que no funciona para nosotros, entonces cambiamos aunque al público le guste. Siempre estamos cambiando algo. Además consideramos que hay que ensayar siempre. En Tucumán está, por ejemplo, el caso del Teatro Estable, donde se estrena y posteriormente o no se ensaya, o se ensaya sólo para repetir y no olvidar lo estrenado, no para mejorar o cambiar. Aunque los actores se esmeran por mejorar su labor a nivel personal, los directores, muchas veces venidos de Buenos Aires, cumplen su tarea de estrenar, que es por lo que les pagan, y luego difícilmente regresan a seguir construyendo el espectáculo. Nosotros, como independientes, nos debemos hacer cargo de que las obras deben ir creciendo y transformándose en función de ese crecimiento permanentemente.

Gustavo: *¿Te identificás con alguna escuela de actuación o dirección?*

Pablo: No. No me he dedicado a transitar o absorber alguna vertiente teatral en particular de manera formal, ni seguirlas informalmente. He tomado distintas y variadas clases, seminarios, talleres, de teatristas argentinos y de afuera, he leído un montón sobre teatro, desde obras, ensayos, historia, entrevistas, he visto miles de espectáculos y he charlado con cientos de actores y directores, un montón. Estoy informado, pero nunca sentí la necesidad de identificarme o seguir el camino de alguna escuela o personalidad de actuación, dirección o dramaturgia. Soy anarcoteatral, no busco –más bien rehúyo— autoridad, influencia, ni permiso de ninguna escuela. Soy muy sociable pero defiendo mi individualidad, mi identidad poética, a muerte. En el teatro trato de encontrarme a mí mismo y, si indago algo, es solo para descubrir mi propio camino. En mi libro sobre autores tucumanos, *Made in Tucumán*, decía que los autores tucumanos crecimos como los yuyos, un poco al azar y otro a la intemperie, ¿a qué escuela nos íbamos a parecer si ni siquiera nos parecemos entre nosotros? E incluso nuestras mismas obras, las de cada cual, no se parecen entre sí. Una obra mía no se parece en nada a otra obra mía, y es porque justamente trato de no seguir ninguna escuela, ni ninguna línea, ni siquiera atarme a mis propias obsesiones. Borges decía algo como: "debo confesar que soy monótono. No me queda más que la resignación de ser Borges". Esa resignación o festejo de ser uno mismo en su obra está presente en nosotros, ya sea de manera natural o a través de una larga lucha a muerte por defender los muros de la individualidad. Si debo describir breve y concisamente mi manera de encarar el teatro desde la dramaturgia y la dirección, diría que transitamos aquella práctica creativa, ecléctica, donde lo que importa es seguir las necesidades expresivas de cada obra sin forzarla con otros intereses. Cada obra surge de una necesidad distinta y única, y precisa así también, para realizarse a pleno en sus propósitos, de una forma precisa, específica y única para construirse. Luego en lo referente a la interpretación diría lo mismo: cada obra precisa niveles distintos de dramatización, de teatralidad, de acotamiento o frondosidad, de neutralidad o expresión sobredimensionada. Lo que sabemos seguro es que quien debe conmoverse en la función es el espectador, que el intérprete disfrute de su trabajo, sí, pero que no intente "sentir" obligatoriamente. Así nuestro teatro varía desde el grotesco con personajes definidos en su psicología y personalidad hasta espectáculos de danza-teatro donde el movimiento debe justificar por sí mismo, sin representación teatralizada, lo que propone el concepto rector. Ejemplo de la distancia extrema entre nuestras propuestas poéticas podrían ser *Anónimo metateatral*, una comedia exasperada sobre el ser y el parecer que se basa en la explicación de la obra por sí misma, tiene dos horas de texto, y lo que estamos haciendo ahora, *Vertical*, espectáculo de danza teatro basado en acciones físicas, sin texto.

Gustavo: *¿Es la obra que me mandaste por video?*

Pablo: Sí. La estamos por re-estrenar ahora, se la ha cambiado totalmente. Hemos trastocado todos los órdenes de las acciones y es como otra obra.

Gustavo: *Cuando sales de gira o llevas la obra a otro espacio, ¿te adaptas fácilmente? ¿Cuáles son exigencias máximas o mínimas para mover una obra de tu sala?*

Pablo: Depende. Por ejemplo, con *De carne y trapo* fuimos a Chile hace unos meses. Era un escenario muy grande en la Feria del Libro; había como trescientas butacas en una carpa al aire libre, o sea que te escuchaban con los altoparlantes de todos lados. No había forma de colgar un trapecio que necesitamos en la obra y que es un componente poético y visual muy importante, sostiene acciones y sentidos. En fin, hicimos la obra sin ese elemento, y le pusimos toda la onda, y le gustó mucho al público, pero nosotros no terminamos felices nunca así. Siempre tratamos de respetar los planteos de nuestros trabajos. Entendemos que a veces no te queda otra que trabajar de cierta manera, porque los espacios no están desarrollados, o pertenecen a organizaciones populares o porque se trata de un festival autogestionado; en esas ocasiones tratamos de hacer todo lo que se pueda por no desistir de actuar, ponemos toda la onda. Pero cuando las condiciones pueden darse, exigimos y nos exigimos tratar de respetar la estructura del espectáculo en todas sus condiciones. Las versiones de nuestras obras en La Gloriosa implican importantes puestas de luces y dispositivos y un montón de pequeños-grandes detalles que uno quiere que estén ahí. Sin embargo, cuando el deber nos llama, hacemos la misma función incluso sin luz, o mejor decir a toda luz del día a pleno sol y, por lo menos en el caso de *De carne y trapo*, ha funcionado perfectamente. Pero no siempre puede resultar bien desmembrar una obra. Nuestra postura es ser irreductibles, pero por otro lado nuestra conducta es flexible y pronta al sacrificio, dependiendo de la situación. Cuando las condiciones no son óptimas, preferimos viajar con *De carne y trapo*, que es la más trasladable que tenemos. Sin embargo, para ejemplificar la fuerza de nuestra voluntad, te cuento que dos años seguidos hicimos temporada en Mar del Plata, en El Galpón de las Artes, con nada más y nada menos que cuatro obras diferentes, con puestas bastante complicadas, con cerca de 15 intérpretes en total, algo increíble, podés ver imágenes de esas giras en nuestra página web. Como grupo, desde el principio, nos comprometimos a sostener la propuesta y la producción de cada obra cueste lo que cueste. Nuestras obras no son baratas, porque trabajamos con los dispositivos que creemos plantea y merece cada obra. Estamos en contra de que el teatro deba ser pobre o de pobreza. Nuestras puestas podrían ser despojadas, pero sólo si se trata de una elección poética, una elección que encaje plenamente con el planteo de una obra, no porque no somos capaces de gestionar los recursos necesarios para hacer las cosas bien. Nosotros trabajamos con la síntesis, pero no con la dejadez y la decadencia o la miseria. Nuestra sala misma la hemos construido en función de poder realizar cosas complejas y en ella podemos realizar nuestros deseos. Como artistas independientes militantes no queremos que la situación económica y política nos empuje a ser "los pobres del teatro", pobres en el sentido de producciones menesterosas y deficientes. No pensamos reducir una obra a una silla o una mesa o una valija solo porque debemos hacer giras sin gastar un peso, eso no va con nosotros. Somos trabajadores de la cultura al igual que la mayoría, accedemos a algunos subsidios, no somos ricos ni por lejos, sobrevivimos; Noé tiene un sueldo de teatro estable y yo sobrevivo de los ingresos de la sala, pero aún así sostenemos nuestra postura. En las puestas elegimos algunos elementos que nos parecen hermosos, útiles y significantes. Y no estamos dispuestos a sacrificarlos, es un tema político y de dignidad artística. Es una lástima que habiendo tanta creatividad, tanto saber en el arte, la economía limite la creatividad y la coherencia poética. He visto hacer genialidades con una silla, genialidades con un cornetita y aún con ningún elemento. Yo también lo podría hacer, pero no quiero. No queremos. Las obras piden su propio contexto, sus propios elementos y tenemos que respetar eso, sean pequeños o gigantes. En *Vertical* hay una cama, una parrilla de una cama que tiene 7 x 6 metros, gigante, y dentro de eso hay dos camas móviles y extraíbles, todo de metal. La estructura sube y baja con malacates, además de elevar otras cosas en otros sectores del espacio. Precisamos un espacio, un teatro grande para presentarla. Y nos preguntamos: ¿podremos viajar con esta obra? Al principio no teníamos la plata para construir la estructura y ensayábamos todas las acciones en el espacio vacío. Pero trabajamos duro hasta construirla. Y actualmente la obra fue seleccionada para un plan del Instituto Nacional de Teatro a fin de ser presentada en todo el país. Esa selección seguramente está basada en la potencia de las acciones sobre la estructura; si nosotros hubiéramos desistido, o hubiéramos decidido no gastar dinero en ella, la obra sería otra cosa muy diferente y actualmente no tendríamos el derecho y privilegio de llevar nuestra obra a otras provincias. El teatro independiente puede acceder a puestas de mediano y gran formato si quiere, basta negarse y resistirse al rincón oscuro y pequeño y pobre (en sí mismos no tienen nada de malo salvo cuando te lo ordenan) en que las políticas oficiales y los intereses económicos quieren relegarnos. Y resistir es pensar seriamente y trabajar duramente. *Vertical*, por ejemplo, a pesar de ser una propuesta grande y compleja, puede presentarse sin embargo sin problemas con un mínimo de apoyo y de voluntad política. La cultura estatal tendría que apostar por espectáculos del teatro independiente tanto de mediano como de gran formato, y nosotros debemos luchar para que reconozcan el valor del teatro independiente y demostrar que conmovemos tanto en salas pequeñas como en teatros grandes.

Gustavo: *Aunque conozco la respuesta, tengo que hacerte la pregunta para que tu respuesta quede grabada. Cuando empezás un proyecto de dirección, ¿preferís un diseño de sala frontal, tipo italiana, o te gusta experimentar con la distribución de los espectadores?*

Pablo: Nosotros, desde el vamos, propendemos a romper el espacio frontal; quisiéramos siempre romper el espacio convencional; hemos hecho obras con dos frentes muchas veces, una totalmente circular, con el público ubicado circularmente, fue *Sodiac & Selegna*, porque la acción se desarrollaba alrededor y dentro de una estructura circular adherida al piso donde estaban atados algunos personajes. Lo mismo en *Pasión y furia de un cristo tucumano* donde la acción transcurría dentro de una jaula rectangular muy grande, que evocaba la ciudad como una cárcel y el público alrededor como carceleros vouyeristas. En *Detrás del vidrio* y *Anónimo metateatral*, por ejemplo, trabajamos con dos frentes, la escena en el centro y el público enfrentado en ambos extremos. Pero a veces elegimos trabajar de la manera tradicional, sin embargo siempre nos damos el gusto de transgredir la cuarta pared introduciendo al público en la escena, o metiendo a los personajes a entrar en el espacio del espectador, como en *Calígula superstar*, donde el emperador abusa del público en su show televisivo, donde los espectadores ofician de reidores y aplaudidores pagados. Nuestra intervención más extrema con el espacio escénico la llevamos a cabo con *Periplo - Cartas al infinito*, obra en la que, para empezar, no había butacas para el espectador. Utilizábamos todo el espacio de la sala, las acciones se desarrollaban en todo lados, incluidas las paredes y el aire. El público debía elegir desde dónde mirar las escenas, a la vez trasladarse permanentemente y estar atentos para evitar ser golpeados o aplastados tanto por los intérpretes como por el elemento gigante que manipulábamos, una esfera de metal de 4 metros de diámetro que movíamos por el espacio, hacíamos girar y oscilar tanto en el piso como en el aire, a través de malacates. A la vez hacíamos participar al público en las acciones bailando con ellos, armando un pogo y saltando con ellos para agredir a un actor que oscilaba por encima de sus cabezas en el aire, o acostándolos en el piso para ver desde otra perspectiva acciones coreografiadas en una de las paredes. A la vez proyectábamos en pantallas ubicadas en los extremos imágenes editadas y otras tomadas en vivo por un actor. Los elementos de *Periplo* son mínimos, la esfera se desarma en caños que no ocupan nada de lugar. Es desarmable, pero nunca hemos conseguido un espacio donde ponerla en escena fuera de nuestra sala, justamente por su particularidad en el manejo del espacio y la falta de condiciones de tamaño y ductilidad de los espacios. Nosotros creemos que casi todas las obras te plantean algo que tiene que ver con la relación ficción y realidad, y por ello siempre de alguna manera la butaca tendrá que ser develada como butaca; el escenario como escenario y así todo.

Gustavo: *En tu caso, que has trabajado tanto tiempo con Noé, ¿cómo aparece la cuestión de género en la dirección? Una primera parte de la pregunta sería: a vos, como director, ¿te es más fácil dirigir actrices que actores? Y la otra parte sería: cuando Noé dirige, ¿en qué es diferente de lo que vos hacés?*

Pablo: En cuanto a dirigir con Noé debo decir que es difícil la pregunta, dado que todas las relaciones humanas, y sobre todo ésta tan particular, son intricadas. No digo 'intrincada' solo porque conlleven conflictos, de hecho los llevan, sino porque son realmente difíciles de definir. Respecto al tema de género, yo siempre recuerdo una cosa que llamó mi atención hace mil años en una clase tuya. Vos nos contabas que a Víctor García le preguntaron una vez, en Francia creo, por qué había elegido a un actor negro para interpretar a Hamlet, y García les respondió, de manera genial a mi entender, que no se había dado cuenta de que el actor era negro, señalando así que el tema del color de la piel sólo estaba presente en la cabeza de quienes hacían distinciones étnicas. Cuando vos me preguntás qué diferencia hay en dirigir varones o mujeres, puedo llegar a responder en la misma línea de García, sin pose ni dogma, que para mí no hay diferencias al dirigir a personas de distintos géneros. Y en cuanto a la cuestión de género en el ámbito de la codirección con Noé puedo decir que nos repartimos los roles dentro de la dirección de manera natural, no es como un contrato escrito en papel, sino algo tácito, discutido casi nunca, que tiene su propio movimiento, y que se acomoda aceptablemente bien en el marco de la lucha de poder consciente o inconsciente que encara cualquier relación humana. Hemos sistematizado tácitamente una manera equilibrada de repartirnos los roles. Y si seguimos co-dirigiendo después de tantos años, 27 ya, debe ser que funciona, y que a pesar de nuestros fuertes temperamentos artísticos, somos capaces de superar con éxito todas las miserias humanas que arruinan los grupos en todo el mundo. En los ensayos yo siempre asumo más responsabilidad en la dirección que Noé, por un lado, porque ella está adentro, le gusta interpretar y estar en escena y a mí no me moviliza tanto la interpretación y, por otro, porque yo me he dedicado a hacer la dramaturgia del grupo y estoy encargado de las puestas. Pero siempre vemos juntos los videos y charlamos y discutimos por teléfono, por chat, por email, y luego tomamos decisiones juntos. No hacemos esto casi en los ensayos, para no inmiscuir tanto a los actores y técnicos en un ámbito que consideramos nuestro y manejamos con soltura.

Gustavo: *Cuando escribes la obra, como dramaturgo, ¿la cuestión de género funciona? Me refiero a si pensás, por ejemplo, que estás escribiendo un personaje femenino y su acción va a tener consecuencias en relación al género.*

Pablo: Sí, tengo en cuenta esas cosas, pero no en todas las obras. Hay obras, como *Sodiac & Selegna* en que eso está determinado. Por ejemplo, el secuestrador de niños, el padre, es militar, es varón. Su esposa, la madre adoptiva, la apropiadora pasiva, la cómplice por sumisión, es una mujer. El militarismo violento en esa obra está representado por el machismo y el patriarcado, que convierte en cómplice a un país femenino, con sentimientos matriarcales profundos, a través del miedo, la violencia y el abuso. Allí la mujer representa a la masa argentina, a la maternidad argentina, una madre que roba hijos ajenos y los cría cortándoles las alas. En esa obra sí había una implicancia muy concreta de los roles masculino y femenino. Pero no así en otras. Respecto a la interpretación, a los personajes mismos, casi siempre me da lo mismo que lo haga un hombre o una mujer o alguien homosexual, aunque la actitud sí deba ser de determinada manera por temas conceptuales. En *De carne y trapo*, Noé, que es mujer, interpreta a un personaje masculino, y lo abordamos un poco como personaje sin sexo definido. En *Anónimo metateatral*, como trabajamos sobre el actor que se interpreta a sí mismo y a la vez al personaje, cambiamos el rol de una relatora, la que fue reemplazada por un actor vestido de mujer. Vale decir que el personaje en el papel escrito es hombre, así, con estos cambios, en esta especie de espejos que se reflejan en espejos, se señala el concepto de la obra, el ser humano no tiene identidad sino que es un constructo de disfraces sobre disfraces desentrañables. Actualmente al personaje de *Calígula superstar* lo interpreta Noé, ¿Calígula mujer? Me suelen preguntar con muchas dudas, yo les respondo que el poder o el abuso de poder no tienen género a la hora de la verdad. Muchas veces he cambiado los roles de masculino a femenino. No es como una prédica, porque no hago una prédica de eso, sino quizás como travesura para señalar que hasta el tema del género es otro símbolo arbitrario en el que estamos inmersos. De todos modos hay cosas de la realidad tan fuertes y duras que sería controvertido quitarles la representación directa de género. Por ejemplo, en Argentina la violencia cotidiana que hay sobre la mujer, los asesinatos terribles que se cometen diariamente, son hechos que nos obligan a posicionarnos desde una perspectiva muy concreta. Sin embargo, uno podría decir que la violencia es violencia más allá del género. Nuestra última obra, *Vertical*, está inspirada en la violencia contra la mujer. No porque ahora sucede, nosotros queremos hacer algo al respecto para sostener un dogma, fingir una postura moral o hacer una muestra superficial sobre el tema. No. Realmente nos conmociona y nos moviliza la situación. Y justamente por ello hemos tenido que sublimar acciones e imágenes y construir una estructura de sentido que permita ver la realidad desde una perspectiva interesante y no meramente descriptiva.

Gustavo: *Usualmente los directores que entrevistamos con Lola hablan en primera persona, pero vos en todo momento usás el "nosotros". ¿Quiénes son, específicamente, ese 'nosotros? ¿Vos y Noé, o hay alguien más?*

Pablo: Noé Andrade y yo principalmente, que somos fundadores del grupo y codirigimos desde hace como 26 o 27 años. Y a veces me refiero también a Claudio Gigena y Víctor Martínez que nos acompañaron durante muchos años trabajando en el grupo en la iluminación, el sonido y el video.

Gustavo: *¿Cómo seleccionan el elenco?*

Pablo: Como los compradores de fruta del último pueblo del Tercer Mundo. (*Risas.*) Hay gente, compañeros que directamente convocamos y hay veces que llamamos a audiciones. Ambas situaciones siempre han tenido resultados disímiles. A veces hemos tenido que empujar una obra con lo que había, y a veces hemos tenido abundante material sobre el que trabajar. A veces la persona con la que trabajás te tira mucho y vos solo tenés que controlar límites; otras veces tenés que poner todo, explicar cada momento, cada acción, cómo se liga una acción con la otra, los significados. Últimamente nosotros, eso que se denomina trabajo de mesa, lo hacemos muy informalmente. Formalmente en el sentido de que tenemos claras las ideas, los conceptos, definiciones sobre el personaje, pero no nos ponemos horas a hablar sobre las cosas. Porque nosotros creemos que hay algunos mecanismos de interpretación que se frenan cuando hay demasiada explicación. Hay casos en que hemos tenido que lidiar mucho con algunos intérpretes; hay algunos que no comprenden algunos planteos, como te decía antes, desde dentro vos sentís una cosa, pero la mirada del director desde afuera es otra, y el actor sólo es una parte de un todo complejo. Si bien las partes concretan una totalidad, esas partes deben ser coherentes con el planteo total. Y el sentido total de una obra lo manejamos los que dirigimos. Por eso a veces, me pongo medio vertical (*risas*).

Gustavo: *Esos actores, ¿provienen todos de formación universitaria?*

Pablo: Sí. Mayormente hasta ahora había sido así, pero a veces hemos hecho castings y nos han gustado timbres y otras cualidades de gente que no tenía formación universitaria; gente que había hecho medio año de la Escuela de Teatro o sólo talleres con particulares, pero que tenían una condición de conocimiento, en el sentido de que comprendían el mecanismo de la acción de manera natural y entonces eran capaces de manejarse bien tanto en la improvisación como en escena en función. Hemos elegido a nuestros intérpretes por las posibilidades que brindaban cada uno más allá de su educación formal en teatro. Esto no invalida la valoración que tenemos por la gente que se ha formado en la carrera de teatro de Tucumán.

Gustavo: *¿Hay alguna técnica actoral especial que facilita tu trabajo como director?*

Pablo: Básicamente que sepa escuchar para poder comprender lo que uno plantea. No sobran actores que te escuchan y que quieren escuchar. Sobran intérpretes cuyo ego absurdo hace que te pelean mucho al vicio. Uno entiende que siempre tiene que haber alguien que boicotee en el grupo (*risas*). Si entendés ese mecanismo grupal, entonces lo podés manejar, pero lo mismo tira para atrás. El actor que te escucha y tiene entrega es valioso. Por otro lado, desde lo técnico, nosotros tenemos formación en danza, sabemos cantar, somos músicos—siempre hablo de Noé y de mí— entonces nos gustan actores que tengan esas capacidades para resolver ciertos aspectos de nuestras obras que tienen siempre mucho trabajo corporal. Laburamos mucho con el ritmo y los cambios de tonos. Entonces un actor que no tiene oído, o que no puede diferenciar dos calidades de movimiento o cambios de ritmos, nos hace sufrir un montón. Cuando tienen esas cualidades se nos facilita el trabajo. Lo básico es que un actor, lea y estudie lo que debe abordar en los ensayos que se vienen; se entregue y aporte cosas en la escena mientras creamos, en un clima de cordialidad y respeto; y finalmente que recuerde, reflexione y anote los descubrimientos, cambios y puntos importantes que van conformando una escena. Siempre insisto al terminar un ensayo que estando en la cama cierren los ojos y repasen mentalmente lo que se hizo y lo que se cambió o hay que corregir. Si haces eso al otro ensayo todo crecerá, si no, el olvido hace que repitas errores, te atrases o tengas que buscar nuevas salidas a algo que ya habías resuelto en ensayos anteriores. Aborrezco a aquellos que piensan que uno, para dirigir, debe ser autoritario y que, si no lo sos, piensan que tienen el derecho de romperte las pelotas. Cuando eso pasa inmediatamente me pongo autoritario (*Risas*). Quien acepta una propuesta se presupone que sabe en qué consiste el trabajo y lo valora. Si no es así, es una alienación que ese actor esté trabajando en una obra; por más que tenga la vocación del mundo por actuar.

Gustavo: *¿Cómo te posicionás vos o se posicionan Uds. en el panorama actual del teatro tucumano o argentino?*

Pablo: ¿Te referís a lo estético? ¿O también a nivel político?

Gustavo: *A nivel artístico.*

Pablo: Nuestras obras son muy diferentes a las obras de compañeros de otros puntos del país, porque nuestros propósitos e ideas son diferentes. Quizás nos caracterizamos por el hecho de que no hacemos teatro convencional y que nuestras obras intentan desafiar al público. Nosotros no repetimos fórmulas para ganarlo y tenerlo contento al público, aunque al final de cierta forma eso ocurra con quienes logran entender que en definitiva los molestamos porque buscamos respetarlos como espectadores. Por otro lado, no nos consideramos periferia artística de nadie, hemos visto obras de todo el país y de afuera y no consideramos que conceptual o técnicamente estén por encima de nuestro trabajo. No nos interesa copiar nada de Buenos Aires, ni de España. Un logro nuestro es haber construido nuestra propia forma de pensar y hacer teatro independiente. Tenemos identidad propia a pesar de que nuestras obras son muy diferentes entre sí. Queremos vivir e intentamos vivir de nuestro trabajo teatral, pero no lo tomamos como un producto de fábrica para hacer dinero o venderlo en shoppings. Y mantenemos, a pesar de nuestro fuerte laburo de gestión, una distancia saludable con las instituciones oficiales. Respecto a lo que vemos en general en cartelera en todo lados, es necesario decir que tratamos de no hacer cosas realistas; no porque sea una postura o un dogma, sino porque creemos en las infinitas posibilidades de expresión de las ideas, el cuerpo y la voz. Así como la pintura dejo de ser representativa, después del advenimiento de la fotografía, consideramos también que el teatro no puede ceñirse solo a la actuación realista, sobre todo cuando entendemos que la forma en que nos relacionamos socialmente en sí mismo es una actuación, es decir: no hay naturalidad en la expresión, todo es construcción. En el teatro están abiertas todas las posibilidades de interpretación del cuerpo, de la voz y del manejo del espacio, entonces es muy pobre que sólo nos ciñamos a la actuación televisiva o a la cosa cotidiana. Lo mismo podría decir del cine y la televisión. Me encantaría ver cosas que sean más artísticas. Hay buenas películas, bien hechas, pero nadie piensa que el cine—y también la televisión— podría ser un arte capaz de trascender lo cotidiano. No me gusta mucho ir a ver cosas que sean realistas, de sofá, de silla y de mesa donde se repiten y representan las máscaras que se repiten y representan en la vida cotidiana. Te pueden enseñar muchas cosas, puedo ir e incluso emocionarme, pero creo que al arte le podríamos pedir muchísimo más. El arte debería ser un animal salvaje, un bello animal salvaje y muchas veces, en cambio, se ha transformado en un osito de peluche en el muestrario de una mercería. Yo me esfuerzo, no sé si yo doy eso, pero sí le pido al arte eso, y espero acercarme, hacer cosas más artísticas, más sorprendentes y más conmovedoras, que nos puedan enriquecer.

Gustavo: *Respecto al espectador, ¿tienes algún perfil, una imagen de espectador que de alguna manera interviene o tiene peso en cierto momento del proceso de dirección sobre algunas decisiones de tu puesta en escena?*

Pablo: Hay una frase que siempre utilizo con mis interlocutores, aplicada a aspectos filosóficos, políticos o psicológicos: "Cuando uno le dice algo a otro, en realidad se lo está diciendo a sí mismo". Al decírsela a otro, la frase adquiere la calidad de paradoja y me gustan las paradojas. Para definirse, para cambiarse, para estimular su ego o ahuyentar temores o dudas, por lo que sea, el que tiene deseos compulsivos de decir (expresar) algo a los demás, es porque siente una urgencia muy personal de escucharse a sí mismo a través del otro. Cuando uno propone algo, aunque se dirija a otro, en definitiva está dialogando consigo mismo y el universo circundante es de palo, no existe. Así, el público de teatro viene a convertirse para nosotros en una especie de frontón –interlocutor imaginario, fantasma— donde rebotan nuestras proposiciones, que nos son devueltas con un renovado eco. Someter una idea al ámbito del teatro es ponerla en un lugar exterior, un afuera, donde uno puede observarlas e indagarlas objetivamente ante las reacciones del público, pero no para solicitar la aprobación o desaprobación de ellos –por lo menos en mi caso—, sino para someterlas a nuestra propia experiencia confrontativa. En definitiva, repito: yo le digo algo al público a través del teatro para decírmelo a mí mismo. También se lo puede ver exactamente al revés: nosotros, los artistas y nuestras obras, consciente o inconscientemente, somos el medio por el cual la sociedad se habla a sí misma, se indaga y experimenta a sí misma. Nosotros somos fantasmas de las ideas con que el ente denominado sociedad se habla a sí mismo. Ambas proposiciones son válidas para mí y ambas invalidan la idea del "interlocutor" y de la "comunicación". Desde el otro lado del cerco, el público que recibe la proposición dialoga esa proposición consigo mismo, no con el artista. Diría que incluso aunque haya un debate de por medio, el diálogo es personal. No hay comunicación real. El teatro es de recepción individual, porque la percepción es individual, a pesar de estar sentados en un mismo espacio al mismo tiempo. Para mí el teatro no tiene eso de comunión entre actores y espectadores que tanto se predica. El teatro, como la comunicación social en general, es una experiencia individual dentro de un marco grupal. Basado en esa idea, mi espectador imaginario vendría a ser... yo mismo, o una proyección sublimada de mí. Por más que delire en ponerle otra cara y otro nombre, siempre, ahí detrás, sentado anónimamente, aburrido y expectante en la sombra de las butacas, cambiándose sus consabidas máscaras, nos espera solo nuestra propia locura, para aplaudirnos, dormirse, alentarnos o censurarnos. Profundamente, no son el espectador imaginario falso-elaborado-fantasma ni el público real-existente-aplaudidor-pagante quienes más nos preocupan o motivan para hacer crecer nuestra obra a la hora de los ensayos, sino nuestra propia persona imaginada en la butaca. En algunos casos ese ente es chanta o condescendiente. En mi caso ese fantasma es ese tipo al que llaman Pablo Gigena, al que veo como jurado maldito y todopoderoso de mi desarrollo y al que invoco y a la vez temo en el lugar del espectador. Ese rector (rector de rectos artísticos) imaginario es implacable en sus críticas, además de mordaz y burlón, y muy pero muy pocas veces, por no decir nunca, queda conforme. Es insaciable, inconformista, desilusionable, irreductible y tiene la falta de delicadeza de señalar, en la intimidad pero en voz alta, todos los errores y miedos e inconsistencias y vanidades y aburrimientos de nuestro propio trabajo.

Puedo confesar que ni siquiera los aplausos supuestamente emocionados de los espectadores lo conmueven ni un comino. La verdad que preciso más de lo que soy capaz de reconocer de ese hijo de puta imaginario para acicatearme y mantenerme "vivo" y en "movimiento" en el arte. Sin embargo, como mi persona es aburrible, para divertirme como espectador imaginario, me coloco a veces imaginarias caretas de Gogol, Borges, Alfonsina Storni, Napoleón, el Che, Sartre, Nietzsche, un mendigo del barrio Antena o un desaparecido.

Gustavo: *¿Uds. trabajan con productor? ¿Cómo hacen la producción?*

Pablo: Nunca trabajamos con un productor. Nosotros mismos, Noé y yo, como grupo La Vorágine, producimos nuestros espectáculos. A veces solicitamos subsidios, que siempre son escasos para el tipo de producción que hacemos, pero ayudan, pero por lo general bancamos las obras con los ingresos del grupo o la sala. En el trabajo con los actores, que es en cooperativa, no vamos al recupero del gasto de producción en los bordereaux de las funciones cuando estrenamos. Al costo de la producción lo asumimos nosotros los directores y lo tomamos como la contraparte del aporte laboral de los intérpretes; queremos además, al final de una función, valorar económicamente aunque sea con lo mínimo el trabajo en escena de los actores y nuestro, que esos pesos que entran por entradas sean nuestro digno salario real o simbólico. Como grupo independiente también asumimos muchos roles en la producción cuando encaramos un proyecto, es desgastante y abrumador la mayor parte de las veces. Yo particularmente me ocupo mucho del tema producción de dispositivos y puesta, y nuestras puestas son complejas, y uno tiene que tener en cuenta y pensar y ocuparse de cosas gigantes y cosas pequeñas, desde diseñar, averiguar, contrastar, comprar, contratar, etc. Pero esa agonía gestiva nos define políticamente, nos representa en nuestro compromiso con el trabajo intelectual y físico de ser los productores, propietarios y creadores plenos de nuestra obra.

Gustavo: *En cuanto al género, ¿tenés más tendencia a la comedia, al drama, a la tragedia, al sainete, el grotesco? ¿Hay algún tipo de preferencia?*

Pablo: No tengo preferencias, me dejo ser. Creo que soy esencialmente una persona dramática por la forma casi nihilista en que veo el mundo pero, como contraparte, mi personalidad está investida de ironía y mordacidad. Caminando solo en la calle confieso que veo las cosas dramáticamente, pero en el trato cotidiano te vas a cagar de risa conmigo. Asumo la vida con mucha ironía, me motiva y me mantiene vivo. La ironía es mi armadura para defenderme del bajón del mundo. Si analizás nuestras obras, verás que ambas condiciones, el humor y el drama, están la mayor de las veces presentes y mezclados. *Pasión y furia de un cristo tucumano* es una tragedia satírica surrealista, *De carne y trapo* es una especie de grotesco con momentos de humor doloroso, *Papel papel* es un clown tragicómico, *Anónimo metateatral* es una tragedia conceptual en tono de ironía humorística, *Calígula superstar* es una comedia sutil y mordaz, seudo cruel, *Guiyerma* es una parodia política en verso sobre *Yerma* y la subtitulé tragicomedia por merma de esperma, pero esa obra sí es una comedia. En varias de estas obras se entremezclan de manera extraña y desafiante la risa y el llanto, la crítica y la burla y el desparpajo ante el espanto de las tragedias humanas; el trasfondo siempre es trágico, pero están presentes de manera preponderante la ironía, la mordacidad, la burla y la risa plena. En tanto que en otras obras como *Vorágine destino Vorágine*, un drama sobre conflictos de identidad personal y política, *Vertical*, espectáculo de danza teatro sobre la violencia de género, *Periplo – Cartas al infinito*, una obra de acciones coreografiadas sobre nuestra soledad frente al inabordable universo, o *Sodiac & Selegna*, un drama sobre la violencia política y la identidad, el tono en cambio es plenamente dramático. Me tomo en serio el mundo, pero también me le río o me le quiero reír al mundo. Se puede decir que el mundo me hace reír y llorar por las mismas razones y por ello lo mío podría definirse en esa palabra inventada que me gusta: "malegría". En *Papel papel* queda esto claro cuando todos los personajes clown frente al público culminan la obra preguntando "¿¡Queda algún lugar en el mundo donde poder escapar!?", y comienzan a mezclar risa y llanto simultánea o alternadamente hasta que la luz se los traga.

Gustavo: *¿Qué arte o artes han influenciado más tu trabajo como director? ¿La pintura, la danza, la música, la arquitectura, por nombrar algunas?*

Pablo: Estoy tironeado por muchas influencias de otras artes en mi trabajo como director de teatro, pero al final de cuentas... ¿el teatro no es eso: la confluencia de todas las artes? Movimiento, ritmo, palabra, espacio. De chico estudié canto, participé en coros, y música en conservatorios y luego en bandas de rock. Desde siempre pensé en ser músico hasta que un día descubrí que el juego del teatro era un campo más completo para una persona como yo y me puse a estudiar teatro en la universidad. No es que viera teatro por primera vez, sino que descubría lo que era el teatro para mí. De pre-adolescente, además, me pegó la onda de bailar break dance y así un día se me ocurrió, no sé por qué, estudiar danza contemporánea, y lo hice por mucho tiempo paralelamente al teatro. En cuanto al ámbito de la dramaturgia debo decir que mi formación es autoodidacta y viene desde la misma fuente de la literatura. La palabra, la lectura, siempre fue y es mi más indisoluble vicio. Desde niño que soy devorador compulsivo de libros, más en la adolescencia y hasta ahora, de hecho me transformé en noctámbulo e insomne por la lectura; si no leo por lo menos una hora, yo no duermo. Es decir que tanto el teatro, la danza, la música y la palabra son un componente natural en mi persona y mis espectáculos los pienso desde todas esas perspectivas, pero matizados y organizados de acuerdo al concepto preponderante de cada obra. Noé tiene un recorrido similar en la música y la danza y por eso nos entendemos a la hora de dirigir. En mis obras todo movimiento está pensado coreográficamente y tengo muy presente el tema ritmo y musicalidad tanto en el texto como en la musicalización de las obras. De hecho, he compuesto varias veces música para nuestras obras y actualmente utilizo programas de edición para trastocar las músicas seleccionadas y transformarlas de acuerdo al concepto de los espectáculos. Por otro lado, no es secreto que me gustan mucho los dispositivos. Soy una especie de arquitecto diseñador loco pero concreto. En todas nuestras obras hemos trabajado con muchos dispositivos móviles, en piso y aire. En definitiva, muchas veces no sé dónde están los límites entre las distintas artes en mis obras.

Gustavo: *¿Qué directores han impactado—no influenciado, porque podría ser que nada haya de ellos en tus puestas—tu trabajo como director? O algunos dramaturgos, ya que vos también escribís. ¿Algunos ejemplos nacionales, internacionales o latinoamericanos?*

Pablo: Es difícil la pregunta porque los directores que me parece que me interesan profundamente no los he visto en forma directa, como Kantor o Victor García. Me han motivado, no es una cuestión de moda o de pose que adopto reconociéndolo, sino que me interesan sobre todo por lo que pensaron del teatro en sí más allá de la mera obra, crearon su propia forma de expresarse sin preocuparse de los cánones vigentes, mejor aún, pienso que disfrutaron rompiendo ciertas poses de época. He sentido con ellos que el teatro valía la pena y redescubría su capacidad para motivar. También me han gustado y emocionado cosas de muchos grupos o directores contemporáneos. Algunos de ellos son amigos o conocidos míos. A veces me han gustado textos e imágenes sueltos y no las obras en su totalidad, pero valoro el trabajo de los demás y trato de sonsacar un aprendizaje tanto de sus logros como de sus errores. Vos mismo como docente en mi verde juventud fuiste un gran estímulo. Tu abordaje verdaderamente conceptual, más allá de lo escénico, han motivado mi formación intelectual general y despertado cierta ansia de transgresión. Así otros casos. A muchos considero brillantes, pero aun reconociendo la genialidad o la pericia de otros, yo soy una especie de iconoclasta, y justamente en defensa de mi propia identidad poética trato de asesinar permanentemente todas las influencias de otros en mí.

Gustavo: *¿Trabajan con fechas fijas de estreno?*

Pablo: Sí, aunque muchas veces de fijas pasan a móviles pues las corremos. Es bueno poner fecha, porque nos obliga a cumplir con los objetivos propuestos sin dilaciones. Para poner fecha calculamos: esta obra nos va a llevar tantos meses, por ejemplo. Una obra tan complicada como *Vertical*, dijimos "la vamos a estrenar en tres meses", lo cual resultó una locura. Tres meses estuvimos solo improvisando. Y después estuvimos un mes y medio montando sobre las improvisaciones. Nos hemos tardado un poco más, y tuvo también que ver con el montaje del elemento, que era bastante complicado. Sin embargo la obra se la pensó desde mucho antes. Es útil ponerse fecha. No sé cómo se puede motivar a alguien sin fecha. Sé que hay gente que se pone como tiempo un año o dos años para terminar una obra, o algunos que ni siquiera se ponen esos plazos, solo dicen simplemente "vamos a ensayar hasta que salga la obra".

Nosotros decimos que vamos a estrenar sólo cuando la obra esté lista, pero dentro de nuestro tiempo estipulado, semanas más semanas menos. A veces por indefiniciones –sea porque somos unos indefinidos o porque uno está tratando de encontrar la palabra, la acción, el elemento o la música justos— no ponés una fecha concreta y así todo se prolonga al vicio. Cuando pienso que la muerte y el tiempo nos están acechando, no podemos darnos ese gusto de ninguna manera. Y, además, nada nos garantiza que pasados tres años ensayando algo vaya a salir buenísimo y mejor que ensayándolo tres o seis meses. Por otro lado, las obras cambian siempre, se transforman y parte de esa transformación se produce poniéndolas en escena. Los estrenos son seudo-estrenos, la obra se lanza un día específico, pero no se termina nunca de terminar, menos en el "estreno".

Gustavo: *¿Cuándo entran los llamados técnicos o creativos, el iluminador, el vestuarista, el escenógrafo, etc.? ¿En qué momento del proceso? Sé que casi todo lo hacen ustedes, pero igual es interesante saber cuándo se acoplan.*

Pablo: Cierto, casi todo el trabajo lo definimos nosotros. Laburamos mucho con dispositivos, y ese tema lo charlo con mi hermano Claudio, que es técnico y construye escenografías, utilería y a veces vestuario. Nuestros dispositivos son metálicos, por ello nuestros principales colaboradores, por decirlo de alguna manera, son los herreros. He tratado de conversar con arquitectos o ingenieros y nunca nos han dado bola y tampoco han tenido la calidez de compartir la emoción o estimularse con la hechura de un elemento artístico alejado de la utilidad cotidiana. Este año hemos descubierto un herrero, que es un profesor de herrería y estudió ingeniería además, al que sí le interesan los elementos artísticos; le pareció muy loco lo que planteábamos y se sintió fascinado por el hecho de construir elementos lúdicos. Sabe mucho y tiene esa sensibilidad. Luego el tema vestuario lo maneja Noé, con ella hablamos del significado e imagen de las prendas, pero ella se aboca a definir el trabajo con vestuaristas. La música la trabajo mayormente yo con programas de edición, también con colaboración de Noé a la hora de elegir y definir. En la iluminación también soy principal responsable, yo propongo y definimos con Claudio y Noé. Cuando utilizamos video, en cambio, somos Víctor (Martínez), Noé y yo quienes guionamos, y la realización la hace Víctor que es cineasta. Antes construíamos las obras a partir de imágenes sueltas, un movimiento, una luz sobre un elemento o un cuerpo, un trapo que flameaba. Pero desde que hemos empezado a laburar más sobre conceptos, ya tenemos más planificado los elementos que vamos a utilizar y la forma de encarar las distintas fases de la realización, aunque siempre estamos abiertos a cambiar o transformar lo que haga falta.

Gustavo: *¿Trabajan con asistente de dirección?*

Pablo: No. Pero sí con algunos colaboradores temporarios. Como nosotros generalmente necesitamos bastantes técnicos en nuestras funciones, que no sobran, y como los teatristas no quieren hacer ese trabajo, no les gusta hacerlo y les cuesta hacerlo, nunca tenemos la oportunidad de trabajar con un asistente de dirección con todas las letras. Todo lo que tenemos son técnicos y gente que nos colabora en otras cosas.

Gustavo: *¿Te involucras mucho en la promoción del espectáculo? ¿Te importa?*

Pablo: Sí, me importa, claro. Hasta hace unos cinco o seis años la estaba manejando yo. Todo lo que tenía que ver con la gráfica, comunicados, fotografías y contactos con gente de prensa lo hacía yo. Pero desde hace un par de años lo empezó a manejar Víctor y en los últimos tiempos lo hace Noé, que se adueñó de ese espacio y que maneja muy bien el tema de las redes sociales y elección y edición de fotos; no quiere que nadie meta mano, no me deja ni a mí meter mano. Noé elige las fotografías con mucho cuidado. Las fotografías son muy importantes para la captación de público; luego elige los tipos de letras, los colores, todo lo que tiene que ver con la gráfica. Ella maneja la promoción de la gráfica y de la imagen, pero yo trabajo los textos, reseñas y frases de la info a manejar, encuentro mis formas de promocionar nuestras obras incluso contra el público (*Risas*). Esa es la forma de meter mi mirada en la publicidad. En fin, los comunicados de prensa los armo yo pero ella promociona.

Gustavo: *La crítica, periodística o académica, ¿la toman en cuenta, influye en trabajos posteriores, la rechazan?*

Pablo: Creo que siempre modifica. Cuando viene alguien que no sabe nada de teatro y te viene de frente y te dice algo, esa gente que es la primera obra que ve y de pronto viene y te enfrenta, por ahí no influye, aunque es posible que tenga razón. Luego las personas que están, entre comillas, "calificadas" a dar crítica, siempre influyen de alguna manera. Sin embargo, no somos inconscientes de lo que hacemos, ni medianamente inconscientes. Me puedo equivocar, pero creo que tenemos una consciencia plena de lo que hacemos y, a veces, aunque algunas elecciones pueden parecer un error, las hacemos por elección. Siempre lo digo: hay muchos directores, muy reconocidos, con cosas hermosas, a quienes se les achacan errores, cuando esos errores son lo que son ellos, esa es su particularidad. Hay errores que no son errores, son elecciones. Ni los directores te lo pueden explicar, ni lo saben quizás; son cosas que dejan a medias, momentos difusos, partes sin resolución, y yo digo que son elecciones también. Algunas cosas son conscientes y otras veces son inconscientes, por eso escuchamos lo que nos dicen; obviamente nos hacen muy bien a veces, y otras nos joden y nos hacen mal. De todos modos, no somos tan ingenuos en el hacer, como para que nos digan algo que no nos habíamos dado cuenta, al punto de hacernos cambiar una obra o bajarla de cartel. No, eso jamás, eso no puede ocurrirnos nunca. Y, además, la verdad, no estamos pendientes de ello, no basamos los supuestos de "éxito" o "fracaso" de nuestras obras en las críticas, aplausos o rechazos del público. Hacemos lo que hacemos porque sentimos una pulsión por hacerlo, de esa forma que la ves ahí en la escena. Como te decía en la pregunta anterior, a veces hacemos nuestras obras hasta contra el público o la autoridad o la crítica, y eso no es un error, es una elección, una postura.

Gustavo: *¿Hay alguna pregunta que siempre quisiste que te hicieran como director y nunca te hicieron?*

Pablo: No sé, miles. Quizás ya me las hiciste. La macana siempre a la hora de definir mi hacer es que soy de palabra fácil, me gusta hablar, y voy a un programa y hablo, y después me doy cuenta que he sido lento para decir lo esencial, o que no dije adecuadamente las cosas profunda y claramente como las siento todos los días. Y ahí me arrepiento, me quiero matar, me quiero arrancar la lengua y masticarla, porque definir mi hacer teatral es uno de los propósitos más primordiales de mi vida. Y me digo: ¿por qué si yo sabía esto y son conceptos que los tengo tan claros, no lo pude decir adecuadamente? ¿Viste cuando alguien cuenta algo muchas veces? ¿Esas personas que comparten alguna experiencia de manera reiterativa? Repiten tantas veces esa misma historia, esa experiencia, que quizás ya no recuerden el hecho en sí, sino sólo las palabras con las que lo han relatado tantas veces. Contra eso lucho al tratar de definir mi trabajo y por ello se 'me lengua la traba' a veces. Pero pensándolo aquí en este momento, quizás equivocadamente, creo que la única pregunta que quiero que me hagan es la que me estuviste haciendo a través de otras preguntas: ¿quién soy y por qué hago lo que hago como lo hago? Básicamente los teatristas fundamos nuestra vida y personalidad en el teatro que hacemos. Y ese hacer es parte de lo que somos culturalmente como país, región o humanidad toda. Si mi obra no se difunde, es como cultura que nace invisible, insonora, inmaterial. Por ello, que nos pregunten, entrevisten, nos da fundamento social, materialidad social imprescindible para ser, y esa masa social nos da el combustible para confrontar al sistema. Me llamo Pablo Gigena, no me conocen en Buenos Aires, en Tucumán mismo mucho público no sabe quiénes somos, a pesar de que compañeros locales y de otros lugares de Latinoamérica nos valoran, de que hemos recibido premios o de que salimos en el diario. No nos conocen. Es increíble pero es así, y entonces es imprescindible para mí que me pregunten quién soy o por qué hago el teatro que hago, es lo fundamental. Quiero aportarle algo al mundo, aunque sea algo mínimo, una chispita de creatividad. No por vanidad, de que mi nombre luego aparezca escrito en un libro, no por eso, sino para conmover al mundo, para que volvamos a sentir que el mundo es conmovedor y misterioso.

Gustavo: *Te agradezco mucho, Pablo, que hayas aceptado darnos la entrevista y venirte desde Tucumán a Buenos para compartir este momento con nosotros.*

Argus-*a*

Artes y Humanidades / Arts & Humanities

Buenos Aires – Los Ángeles

2016

www.ingramcontent.com/pod-product-compliance
Lightning Source LLC
Chambersburg PA
CBHW020645220526
45464CB00001B/306